W0236803

Herbert Molzbichler

Nachsitzen

HERBERT MOLZBICHLER

Nachsitzen

Österreichisches Bildungssystem am Pranger

Vorwort von
Konrad Paul
Liessmann

braumüller

Bibliografische Information der Deutschen Nationalbibliothek
Die Deutsche Nationalbibliothek verzeichnet diese Publikation in der
Deutschen Nationalbibliografie; detaillierte bibliografische Daten
sind im Internet über http://dnb.d-nb.de abrufbar.

Printed in Austria

Alle Rechte, insbesondere das Recht der Vervielfältigung und Verbreitung sowie
der Übersetzung, vorbehalten. Kein Teil des Werkes darf in irgendeiner Form
(durch Fotokopie, Mikrofilm oder ein anderes Verfahren) ohne schriftliche
Genehmigung des Verlages reproduziert oder unter Verwendung elektronischer
Systeme gespeichert, verarbeitet, vervielfältigt oder verbreitet werden.

1. Auflage 2017
© 2017 by Braumüller GmbH
Servitengasse 5, A-1090 Wien
www.braumueller.at

Coverfoto: Shutterstock/pterwort
Druck: Christian Theiss GmbH, A-9431 St. Stefan im Lavanttal
ISBN 978-3-99100-215-4

INHALT

Vorwort

Wer heute von Bildung spricht, spricht von ihrer Reform. Nichts scheint so reformbedürftig wie die Bildung, und diese Bedürftigkeit steigt mit jeder Reform. Und dass den Reformern bei ihren Reformen nicht die Reformideen ausgehen, dafür sorgen jene Bildungsexperten und Bildungsforscher, die jederzeit mit neuen Heilsbotschaften zur Hand sind, an denen sich die Reformer orientieren können. Dass für die Adressaten und Betroffenen diese Heilsbotschaften sich oft als Hiobsbotschaften erweisen, wird nur hinter vorgehaltener Hand kommuniziert. Kaum hat die „Kompetenzorientierung" die Bildungseinrichtungen flächendeckend kontaminiert, wird die „Schulautonomie" als neues „Wundermittel" propagiert, kaum hat sich „Chancengleichheit" eingebürgert, muss auch „Chancengerechtigkeit" gefordert werden, kaum hat sich die „Standardisierung" von Bildung bis hin zur Zentralmatura etabliert, muss „Individualisierung" eingemahnt werden, kaum hat sich „Inklusion" als neues sozialpädagogisches Glaubensbekenntnis durchgesetzt, muss eine Offensive zur Einrichtung von Hochbegabtenförderung gestartet werden, kaum wird die Oberstufe „modularisiert", schlagen Reformer überhaupt die Abschaffung der Fächer und die Einführung von „Bündeln", „Flächen" und „Querschnittmaterien" vor, kaum hat eine neue Schulform ihren Betrieb aufgenommen, schon werden neue Modelle für Ganztags-, Gemeinschafts- und sonstige Schulen gefordert.

Und bei all dem sind die oft unsichtbaren, aber wirksamen inneren Schulreformen, die durch ständig wechselnde didaktische Methoden und Moden gekennzeichnet sind, noch gar nicht mitgerechnet. Die verheerenden Folgen etwa der vor Jahren stillschweigend an vielen Grundschulen eingeführten

Methode des „Schreibens, wie man spricht", euphemistisch „Lesen durch Schreiben" genannt, werden allmählich sichtbar und erregen – viel zu spät – die Öffentlichkeit. Und schon kündigt sich die nächste derartige Innovation an: die flächendeckende Digitalisierung des Unterrichts. Kein Zweifel, dass die Software- und Elektronikindustrie davon profitieren wird, der Nutzen für Schüler wird sich, vor allem in der Grundschule und den Mittelstufen, sehr in Grenzen halten, mitunter auch kontraproduktiv sein. Bildung kann sich manchmal auch darin ausdrücken, dass nicht jedem Mythos geglaubt und nicht jeder Unsinn mitgemacht werden muss. Bildung kann auch bedeuten, jungen Menschen eine gewisse Distanz zu jener digitalisierten Lebenswelt anzubieten, die sie ohnehin umgibt.

Bei all dem Bildungsgerede werden allerdings jene nicht gefragt, die die krausen Reformen zu exekutieren und zu erdulden haben. Die aktuelle Bildungsdiskussion bedarf dringend derjenigen, die sich tagaus, tagein mit Fragen des Lehrens und Lernens, des Erziehens und Schulens, des Vermittelns und Beurteilens, des Bildens und Ausbildens beschäftigen und auseinandersetzen müssen. Herbert Molzbichler, promovierter Pädagoge und seit 36 Jahren im Schuldienst, stellt solch eine kritische Stimme dar. Sie sollte gehört werden.

Wien, im Dezember 2016   Konrad Paul Liessmann

Warum dieses Buch?

Im österreichischen Schulsystem geht es beinahe zu wie in einem Flipper-Automat. Das bildungspolitische „Reformkügelchen" wird von den verantwortlichen Akteuren und Akteurinnen ziemlich willkürlich, unvorhersehbar sowie in rascher Folge hin und her „geschossen". Immer wieder werden zwar ein paar Punkte erzielt, aber der große Wurf gelingt nicht. Sobald das eine „Reformkügelchen" ins Leere gelaufen ist, wird sofort ein neues auf den Weg geschickt. Das mag solange angehen, bis die Anzeige „Game over!" erscheint. Was dann? Am System wird von vielen Seiten mit unterschiedlichen, teils widersprüchlichen Erwartungen gezerrt. Im Inneren wird zunehmend gestoßen, nach unten getreten, nach oben gebuckelt. Sündenböcke und vermeintlich Schuldige für die erkannte oder gefühlte Misere im Bildungswesen sind rasch gefunden. Die gewählte, bewusst drastische Analogie mit einem Spielgerät soll uns vor Augen stellen, dass ein solches Verhalten unweigerlich zum *TILT* führt.

Die politischen Kräfte in Österreich haben keine schlüssigen Bildungskonzepte. Es gibt bestenfalls Fragmente, die in parteipolitischen Scharmützeln ins Feld geführt werden. Da der Überblick offensichtlich verloren gegangen ist, reagieren die politisch Verantwortlichen auf allerlei Zurufe aus der Öffentlichkeit oder der Expertenschar häufig unreflektiert, übereilt, wechselhaft. Wichtig scheint einzig, dass die Maßnahmen in den Zeitgeist passen. Die zahlreichen neuen Baustellen, die im Schulsystem ständig aufgerissen werden, ohne die alten fertiggestellt zu haben, sind ein weiterer Beleg dafür, dass der richtige Plan fehlt.

Wie wir aus der Systemtheorie wissen, können einzelne Aktionen ein System höchstens anregen. Wie einzelne Schulen oder ein ganzes Schulsystem auf Interventionen reagieren, wird nicht nur durch die Güte der jeweiligen Intervention, sondern wesentlich auch durch systeminterne Zustände bestimmt. Vorhandene Strukturen, Klimafaktoren, Überzeugungen, Einstellungen, Verhaltensmuster, Routinen, Stimmungslagen, Regeln, Rollenbilder und dergleichen beeinflussen und leiten maßgeblich die Entwicklung. Solche Fakten dürfen bei „Bildungsoffensiven" oder Reformbemühungen, wann immer sie ins Haus stehen, keinesfalls unberücksichtigt bleiben. Ferner ist zu bedenken, dass Systemdiskussionen im staatlichen Bildungswesen hierzulande gewöhnlich recht träge verlaufen. Neue Anforderungen werden häufig in alte Muster integriert, da verinnerlichte Gewohnheiten, Wahrnehmungs-, Denk- und Handlungsschemata sich als ziemlich hartnäckig erweisen. Daher dauert es in der Regel eine geraume Zeit, bis sich veränderte Erfordernisse, Erkenntnisse, Erfahrungen Bahn brechen. Während neue Konzepte, Instrumente, Methoden relativ rasch erstellt sind, passen sich internalisierte Rollenbilder, Deutungsmuster, Verhaltensweisen und Haltungen nur allmählich an. Mit Dirigismus, kurzfristigen Agitationen oder Hauruckaktionen ist nichts auszurichten. Das sprichwörtliche Fass ist inzwischen bis zum Überlaufen mit heißer politischer Luft, hohler Rhetorik, fadenscheinigen Inszenierungen, Absichtserklärungen, halbherzigen Reformen, verpassten Chancen gefüllt. Es reicht! Es darf schlicht nicht so weitergewurstelt werden!

Als promovierter Pädagoge und seit nunmehr sechsunddreißig Jahren praktizierender Schulmann will ich die dilettantische, kurzsichtige Bildungspolitik in Österreich nicht länger stillschweigend hinnehmen. Da es innerhalb des Systems mittlerweile kaum mehr gelingt, etwas zu bewegen – einerlei ob als Lehrperson, Schulleitung oder Schulaufsicht –, wähle ich diesen Weg, um die Öffentlichkeit über den Ernst der Lage zu informieren, ja sie zu alarmieren. Dabei sollen auch namhafte

Erziehungswissenschaftler, Schulforscher sowie prominente Stimmen aus anderen Fachgebieten zu Wort kommen, die sich zu Bildung oder Schulsystem seit Jahren kritische Gedanken machen und sich in jüngerer Zeit besorgt dazu geäußert haben. Ferner fließen in dieses Büchlein die Erfahrungen aus einer Vielzahl von Gesprächen und Debatten im Pädagogenkreis mit ein. Auf diese Weise wird es gewissermaßen zum Sprachrohr für all jene Kolleginnen und Kollegen, die nicht zu Wort kommen oder nicht gehört werden, obwohl sie sich fachkompetent einbringen könnten.

Ich möchte aufzeigen, wo überall im alltäglichen Schulleben wie im österreichischen Bildungsgeschehen insgesamt der Schuh drückt. Die interessierte Öffentlichkeit soll über Entwicklungen und Hintergründe informiert werden, die gewöhnlich nicht so offen zutage liegen. Die Menschen sollen erkennen, wie unsere Bildungspolitik zu Werke geht; das Wort „funktioniert" wäre hierfür wohl ein Euphemismus. Der Sachkritik werden chancenreiche Konzepte zur Seite gestellt. Die eingebrachten Vorschläge und Diskussionsbeiträge verfolgen zudem das Ziel, die Bildungsdebatte auf eine höhere Ebene zu führen sowie einen weiteren Horizont ins Auge zu fassen. Bekanntlich kann man keine anderen Ufer entdecken, ohne die eigene Küste zu verlassen. Wir brauchen den Mut zur Begehung neuer Wege und die Klugheit, von erfolgreicheren Schulsystemen zu lernen. Man muss ja nicht Dinge (nach)machen, die sich anderswo bereits als Irrweg erwiesen haben. Bestimmte Fehler könnten wahrscheinlich auch vermieden werden, sofern die Bereitschaft, sich mit der Geschichte der Pädagogik auseinanderzusetzen und daraus die richtigen Schlüsse zu ziehen, gegeben wäre. Schließlich ist vieles schon einmal in der einen oder anderen Form da gewesen.

Ich habe die bildungspolitischen Weichenstellungen der vergangenen 40 Jahre in Theorie und Praxis aufmerksam verfolgt und hautnah miterlebt. Aus den daraus gewonnenen Einsichten wird das heikle Thema „Schule und Bildung" kritisch beleuchtet. Es werden dort Fragezeichen gesetzt, wo es notwendig erscheint, um zum Nachdenken herauszufordern. Dem liegt unter anderem die vergleichende Auseinandersetzung mit verschiedenen Schulsystemen, mit Schulleitung, Schulaufsicht und Schulentwicklung sowie mit der aktuellen Umstellung von der Input-Orientierung zu einer Output-Steuerung im österreichischen Bildungswesen zugrunde. Der Paradigmenwechsel in der Steuerungsphilosophie von Bildungssystemen, der nunmehr nach angloamerikanischem Vorbild auch auf Europa übergeschwappt ist, hat gravierende Auswirkungen auf alle Betroffenen im Schulgeschehen.

Mit dieser Schrift soll nicht zuletzt eine Lanze für all jene Lehrkräfte und SchulleiterInnen gebrochen werden, die professionell, beherzt und umsichtig ihren verantwortungsvollen Beruf ausüben. Ohne sie ist bis auf Weiteres keine Schule zu machen. Außerdem wird für ein breites Bildungsverständnis geworben, da bloßer Utilitarismus im Sinne von Anwendbarkeit und wirtschaftlicher Verwertbarkeit von Wissen als wesentlichste – wenn nicht gar ausschließliche – Zielvorstellung mittel- bis langfristig in eine Sackgasse führt. Die vorgängige Bildungsökonomisierung ist somit als Holzweg zu entlarven.

Wie die Erfahrungen der letzten Jahrzehnte gezeigt haben, greifen Schulreformen in Österreich in aller Regel zu kurz. Sie kratzen zwar an der Oberfläche, erreichen jedoch kaum nachhaltig die Tiefenstrukturen von Schule. Mittlerweile wird fast laufend an den Organisationsformen einzelner Schultypen herumexperimentiert, ohne dass dies bislang nachweislich zu einer allgemeinen Qualitätssteigerung beigetragen hätte, von der alle ihren Möglichkeiten gemäß profitieren. Mitunter scheint eher das Gegenteil einzutreten. Zwar wird gerne davon schwadroniert, dass alle SchülerInnen bestmöglich zu fördern seien, in der Praxis sind wir davon derzeit aus Ressourcenmangel allerdings weit entfernt. Von Bildungsreform im eigentlichen Wortsinn kann ohnehin nicht die Rede sein. Was wir jetzt dringend brauchen, ist eine vernünftige Neuorientierung, eine zumindest in Teilbereichen fundamentale Umgestaltung unseres Bildungssystems, die auf breitem gesellschaftlichen Konsens beruhen sollte. Sie hätte zudem die realen Möglichkeiten wie auch den Sinn von Schule und Bildung ins Zentrum zu rücken. Aber gerade hier spießt es sich. Die Vereinnahmung von Bildung samt ihrer Institutionen durch die Parteipolitik hat über die Jahre bis in die Gegenwart herauf immer wieder zu Blockaden und Stillstand geführt. Österreich ist dadurch – zumindest für InsiderInnen oder aufmerksam Beobachtende unübersehbar – allmählich ins Hintertreffen gegenüber manch anderen Ländern geraten. Zu dieser Erkenntnis bedarf es weder der PISA-Studie noch ähnlicher Testungen oder School Rankings.

Wirkliche Sternstunden in der österreichischen Bildungspolitik liegen schon geraume Zeit zurück. Die Einführung von Fachhochschulen kann wohl als vorläufig letzter Lichtblick gelten. Noch vor wenigen Jahrzehnten war die große Mehrheit hierzulande stolz auf unser Bildungswesen. Wir haben aber allzu lange von vormaligen Errungenschaften gezehrt und uns bis dato gerne darauf berufen – in teils überheblicher, teils nachlässiger, zuwartender Manier. Der notwendige Handlungsbedarf wurde nicht erkannt. Die skandinavischen Staaten sowie einige andere haben rechtzeitig ausreichend Geld in die Hand genommen, um ihre Bildungssysteme mit Weitsicht grundlegend umzugestalten und auf die Erfordernisse des gesellschaftlichen Wandels adäquat zu reagieren. In Österreich – heute nach wie vor eines der reichsten Länder weltweit – hat man die Zeit größeren finanziellen Spielraums schlichtweg verschlafen in der weit verbreiteten Überzeugung, ohnehin gut aufgestellt zu sein. So wurde und wird etwa das duale Ausbildungssystem – durchaus zu Recht – als beispielhaft hingestellt. Aber eine Schwalbe macht bekanntlich noch keinen Sommer. Selbst wenige „Schwalben" reichen im Bildungssektor nicht aus. Unser international bislang recht guter Ruf in Sachen Bildung steht auf dem Spiel.

Als Schulmann und Pädagoge liegt es mir fern, nur Negatives oder Misslungenes in unserem Bildungssystem zu sehen, ist doch in der Unterrichts- wie in der Erziehungsarbeit genau das Gegenteil gefordert. Auch soll keine Katastrophenstimmung verbreitet werden. Das wäre vermessen und entspräche wohl kaum der Realität. Laut dem Philosophen Peter Sloterdijk ist schließlich eine Katastrophe erst eine, wenn sie allen einleuchtet. Aber andererseits: Mit dem ständigen Übertünchen, Schönreden oder Beschwichtigen können wir die österreichische Bildungslandschaft nicht nachhaltig zum Besseren, sprich Notwendigen, hin verändern. Der verklärte Blick durch die rosa Brille verzerrt die Wahrnehmung, verleitet zu Illusionen. Anachronismen, Scheinlösungen, Fehlentwicklungen und Irrwege müssen klar aufgezeigt werden, um sie überwinden oder korrigieren zu können.

Die Schulwirklichkeit darf dem raschen gesellschaftlichen Wandel nicht stets hinterherhinken. Bildungsverantwortliche dürfen auf gesellschaftliche wie pädagogische Erfordernisse nicht erst verspätet reagieren und dann überhastet agieren. Auch in der Bildungspolitik können präventive Handlungsstrategien vielfach reaktive Kriseninterventionen ersetzen. Der von wirtschaftslastigen Interessen dominierte Bildungsdiskurs müsste ehrlicher, bodenständiger und realitätsbezogener geführt werden, wobei Bildung nicht auf Ausbildung zu verkürzen wäre.

Um das zunehmend lahmende System gründlich zu kurieren, ist eine rein oberflächliche Symptombekämpfung keineswegs mehr hinreichend. Weder ein Krankjammern noch ein Gesundbeten helfen uns weiter. Es bedarf vielmehr eines von der Politik ausgehenden nationalen Schulterschlusses aller relevanten gesellschaftlichen Kräfte. Die leitende Maxime sollte daher lauten: Das bildungspolitische Tagträumen muss schleunigst beendet werden, damit die nachwachsenden Generationen wieder auf einen Bildungsfrühling hoffen können.

(Bildungs-)Politik im Zugzwang

Platon verdanken wir die Erkenntnis, dass Politik und Pädagogik prinzipiell aufeinander angewiesen sind. In seiner berühmten „Politeia" zeichnete er ja nicht nur das Muster eines aus seiner Sicht idealen Staates. Diese grundlegende Abhandlung gilt darüber hinaus als ein tragender Eckpfeiler in der abendländischen Philosophie und Pädagogik. Aristoteles ordnete seinerseits die Erziehung der menschlichen Lebenspraxis zu, sowie die Pädagogik und Politik – die auch er aufeinander bezogen verstand – den praktischen Wissenschaften im engeren Sinne. Dieser zu wenig gesehene Konnex reicht also schon auf die Antike zurück. In neuerer Zeit haben die Verwissenschaftlichung der Pädagogik sowie die Beeinflussung der Politik durch ökonomische Interessen stark um sich gegriffen. In Österreich gesellte sich seit den Gründungstagen der Republik die unselige Parteipolitisierung des Schulwesens hinzu.

Bei unvoreingenommener Betrachtung lässt sich nicht leugnen, dass auch die Wissenschaften in den herrschenden Zeitgeist und die bestehenden Herrschaftsverhältnisse eingebunden sind. Zudem fällt auf, dass sich die Politik zunehmend dem Wehen des Zeitgeistes anpasst. Pädagogik und Bildungspolitik sind sowohl in der Theorie als auch in der Praxis immer schon bestimmten Paradigmen, Konjunkturen und Moden unterworfen gewesen, die sich in mehr oder weniger rasch aufeinanderfolgenden Perioden oder Zyklen ablösten. Das hat nicht nur etwas mit neuen wissenschaftlichen Erkenntnissen in den Erziehungs- und Sozialwissenschaften oder der Schulforschung zu tun, sondern vor allem mit der Tatsache, dass Pädagogik wie Schule stets in engem Zusammenhang mit gesellschaftlichen Entwicklungen stehen, wodurch sie zwangsläufig dem Wandel von Werten, Wertvorstellungen, Wertmaßstäben unterliegen. Sie können sich folglich – selbst wenn sie es wollten – vom Diktat des vorherrschenden Zeitgeistes oder Mainstreams nicht völlig abkoppeln. Wie der langjährige Leiter des Zentrums für Schulentwicklung (Abteilung für Evaluation und Schulforschung) in Graz Werner Specht[1] formuliert, werden in Abhängigkeit vom jeweiligen Zeitgeist bestimmte Erkenntnisse der Wissenschaft entweder heller beleuchtet oder aber unterbelichtet. Man orientiere sich gerne in konformistischer Manier an dem, was gerade „en vogue" sei.

Druck auf die nationale Bildungspolitik wird seit gut zwei Jahrzehnten von der internationalen Bühne ausgeübt. Seit 1991 erfolgt durch die UNESCO (United Nations Educational, Scientific and Cultural Organization) ein weltweites Bildungsmonitoring. Alle zwei Jahre werden Weltbildungsberichte veröffentlicht, die alle Staaten der Erde einbeziehen. Die OECD (Organisation for Economic Co-operation and Development) und die Europäische Union haben vor allem Weiterbildung sowie lebenslanges Lernen ins Zentrum ihrer bildungspolitischen Aktivitäten gerückt, um allfällige Defizite der nationalen Bildungspolitik zu kompensieren. Nach einer Analyse von Hans Pechar[2] nehmen nationale und supranationale Bildungsverantwortliche häufig unterschiedliche Positionen ein. Während nationale Politik und Verwaltung eher strukturkonservative Strategien verfolgen, Errungenschaften oder Leistungsfähigkeit der eigenen Bildungsinstitutionen herausheben, auf Kontinuität setzen und das Reformtempo bremsen, versuchen OECD wie Europäische Union das Tempo für Innovationen zu erhöhen und die nationale Politik dadurch unter Zugzwang zu bringen. Die etablierten Strukturen und Praktiken werden mit dem Hinweis auf das qualitativ Neue der Wissensgesellschaft mitunter radikal in-

---

1 Vgl. Specht, Werner: Qualität des Bildungssystems, Standards und Monitoring. Nottwil 2005, S. 1.
2 Vgl. Pechar, Hans: Bildungsökonomie und Bildungspolitik. Münster/New York/München/Berlin 2006, S. 137.

frage gestellt. Pechar zufolge versucht die Europäische Union einen anderen Politikstil zu etablieren, der es erschweren solle, an die Stelle konkreter Maßnahmen nur symbolische Gesten zu setzen. (Bildungs-)Politische Ziele sollten demnach nicht bloß auf unverbindliche Weise proklamiert werden, sondern es müssten zugleich Schritte zu ihrer Umsetzung sowie Kriterien der Zielerreichung festgelegt werden. Solcherart würden Ziele als selbstreflexive Vorgänge – Bologna- und Lissabon-Prozess etwa – definiert und in ein begleitendes Monitoring-Verfahren eingebunden, wodurch der jeweilige Fortschritt festgestellt und darüber Bericht erstattet werde. Wie stark sich die nationale Politik dadurch unter Druck setzen lässt, bleibt teilweise Ermessenssache. Dauerhafte Säumigkeit ist nicht mehr so leicht zu verantworten. Ob die Vorteile oder aber die Nachteile dieser Strategie auf lange Sicht überwiegen, wird sich künftig erweisen.

In der bildungspolitischen Diskussion der letzten Jahrzehnte ging es im Grunde um die zwei alternativen, geradezu bipolaren Koordinations- und Steuerungsmechanismen: staatliche Bürokratie oder Markt? Seit einiger Zeit wird im Schlepptau neoliberaler Globalisierung international die Marktvariante präferiert. Auch in Österreich hat sie stark an Bedeutung und Einfluss gewonnen. Der Staat nimmt sich in vielen Gesellschaftssegmenten monetär zurück und delegiert Verantwortung. Daher wird auch die Bildung stärker denn je dem Wettbewerb am freien Markt überlassen. Trotzdem kann die Politik nicht aus ihrer gestaltenden Funktion entlassen werden.

Bei allen Überlegungen, Forderungen sowie Maßnahmen ist mitzudenken, dass bildungspolitische Weichenstellungen oder Schulreformen insofern stets von öffentlichem Interesse sind, als sie sich auf andere Lebenssegmente und gesellschaftliche Institutionen, mit denen das Schul- und Bildungssystem in mannigfacher Weise verflochten ist, auswirken. In den kontroversen bildungspolitischen Auseinandersetzungen zur Schulreform ist in Österreich eine Abklärung sowie Konsensfindung über wünschenswerte und notwendige Ziele auf breiter Basis bis heute verabsäumt worden. Ein schwerer Fehler. Anstatt alle relevanten gesellschaftlichen Kräfte an einer ernsthaften öffentlichen Bildungsdebatte zu beteiligen, wurden diverse Expertengruppen mit der Erstellung von Gutachten und der Ausarbeitung von Reformkonzepten beauftragt. Die Expertisen kamen – wen wundert's? – in Abhängigkeit von der jeweiligen Zusammensetzung der Gremien nicht selten zu recht unterschiedlichen Ergebnissen und Ratschlägen. Während sich die Bildungspolitik nicht aus ihrer übergeordneten Verantwortung verabschieden kann, muss die Schule endlich aus den Fängen der Parteipolitik befreit werden. Die gängige Ideologisierung sowie Vereinnahmung der Bildung ist eine Schande. Sofern die politisch Verantwortlichen den Status quo aufrechterhalten und keinen Konsens für eine Kurskorrektur anstreben, droht Österreich langfristiger Schaden – nicht nur als Wirtschaftsstandort, sondern der ganzen Gesellschaft.

Obwohl in Österreich immer wieder fachfremde und somit nicht von vornherein fachkundige Personen an die Spitze des Bildungsministeriums gestellt werden, gebärdet sich der eine oder die andere mitunter so, als ob er/sie den Stein der Weisen gefunden hätte und startet – mehr oder weniger gut unterstützt und beraten von einer ihm/ihr gewogenen Expertengruppe – flugs irgendwelche Reformen oder Reförmchen. Letztlich betreiben sie vorwiegend Inszenierungspolitik. Viel Geld wird für Beratungsagenturen, Hochglanzbroschüren, Werbeeinschaltungen, Symposien, Bildungsenquetes und dergleichen ausgegeben, um die gerade aktuellen Reformvorstellungen sowie deren Umsetzung öffentlichkeitswirksam an die Leute zu bringen. Alles unter der Devise: Man muss sich selbst und die österreichische Bildung gut verkaufen. Die Kritik des Rechnungshofes an der Umsetzung und Gesetzeswerdung der Neuen Mittelschule, an der Ineffizienz der Schulaufsicht oder am Bundesinstitut für Bildungsforschung, Innovation und Entwicklung des österreichischen Schulwesens (BIFIE) spricht Bände. Darauf wird an geeigneter Stelle noch einzugehen sein.

Die Kompetenzverteilung zwischen Bund und Ländern in der Bildung führt zu unnötigen Doppelgleisigkeiten und Reibungsverlusten. Wer vermag die Logik einzusehen, dass etwa PflichtschullehrerInnen den Ländern sowie der Schulbau den Gemeinden respektive den Schulgemeindeverbänden unterstehen, mittlere und höhere allgemein- wie berufsbildende Schulen samt Lehrpersonal hingegen dem Bund? Beide Seiten verteidigen das Zugriffsrecht auf Schule und Bildung, um ihre Einflussmöglichkeiten nicht zu verlieren. In Zeiten des allseits proklamierten knappen finanziellen Spielraums das Einsparungspotenzial einer Verwaltungsreform und Kompetenzbereinigung nicht zu nutzen, ist schlicht schildbürgerlich. Diesbezüglich steht die Politik seit Jahren unter Zugzwang.

Ein weiterer heikler Punkt ist die Rekrutierungspraxis von Führungskräften im österreichischen Schulsystem. Sie hält einem Vergleich mit erfolgreicheren Bildungsländern nicht stand. Nach wie vor ist die politische Einflussnahme auf Postenbesetzungen hierzulande stark. Daran haben auch die unterschiedlichen Objektivierungsverfahren, die in den vergangenen Jahren erprobt und eingeführt wurden, nicht wirklich Grundlegendes geändert. Einerseits wurde versucht, durch Hearings, strukturierte Interviews, Assessment-Center oder dergleichen Objektivität und Transparenz von Leiterbestellungen zu erhöhen und der Öffentlichkeit dadurch professionelles Vorgehen in der Postenvergabe des öffentlichen Dienstes zu signalisieren. Andererseits sollte aber auch der erweiterten Verantwortung sowie den deutlich gestiegenen Anforderungen an Schulleitungen im Zuge von Teilautonomie und Schulentwicklungsverpflichtung Rechnung getragen werden.

In den Koalitionsvereinbarungen von 1990 wie auch im Arbeitsübereinkommen von 1994 ist unter dem Titel „Objektivierung von Personalentscheidungen" die Passage nachzulesen, dass bei der Vergabe von Leitungsfunktionen im Schulsektor fürderhin ausschließlich die Qualifikation maßgeblich sein solle. In späteren Absichtserklärungen und Vereinbarungen wird darauf aber nicht mehr explizit Bezug genommen. Die Dringlichkeit der eigenen Forderung wurde entweder rasch wieder verdrängt oder man war mit der Implementierung formeller „Objektivierungsmaßnahmen" zufrieden.

Neben den allgemeingültigen bundesgesetzlichen Regelungen hat jedes Bundesland seine eigenen landesgesetzlichen Bestimmungen sowie Auswahl- und Bestellungsverfahren. Die Besetzung von Schulleitungs- und Schulaufsichtsämtern nach dem Proporzsystem hat in Österreich eine lange Tradition. Die offiziell zwar nicht akzeptierte, inoffiziell aber dennoch praktizierte Proporzdemokratie wurde bislang nicht überwunden. Sofern sich nach Wahlen die Mehrheitsverhältnisse ändern, kommt es in aller Regel – wo das möglich ist – zu massiven politischen Umfärbungsaktionen. In den letzten Jahren wird zudem extrem gegendert. Während noch vor wenigen Jahrzehnten die Schulaufsicht weitgehend eine Domäne der Herren war, hat sich dies inzwischen merklich geändert. In Kärnten etwa sind 2017 im Pflichtschulsektor sieben von neun Schulaufsichtsämtern in den vier Bildungsregionen weiblich besetzt. Auch die Landesschulinspektorate sind zunehmend in Frauenhand. Ähnliches gilt für Schulleitungen. Dort sind die Damen ebenfalls im Vormarsch. Dabei ist nicht zu übersehen, dass Bewerbungen von Männern stark rückläufig sind, weil sich offensichtlich unter den vorliegenden Bedingungen immer weniger dafür interessieren. Angesichts des deutlichen Überhangs des weiblichen Geschlechts in der Lehrerschaft erscheinen diese Entwicklungen durchaus gerechtfertigt. Allerdings wird mit der Quotenregelung mitunter übers Ziel geschossen, indem Qualifikationen sowie Befähigungen nicht objektiv genug berücksichtigt werden.

Nach wie vor beklagen sich parteiungebundene Kolleginnen und Kollegen gelegentlich, dass sie ohne Parteibuch ohnehin keine Rückendeckung und Chance auf eine Führungsposition im Schuldienst hätten. Andererseits argumentieren LehrerInnen, die sich in der Personalvertretung oder der Gewerkschaft für die Interessen und Belange der Kollegenschaft einsetzen, dass ihnen daraus keine parteipolitischen Vorwürfe oder gar Nachteile bei einer Bewerbung um eine Führungsfunktion erwachsen dürften. In Lehrerkreisen wie auch in der Personalvertretung wird immer wieder von Kolleginnen und Kollegen berichtet, die, um in eine Führungsposition zu gelangen, ihre Parteizugehörigkeit (ihr Parteibuch) wechseln – und das fallweise mehr als einmal. Diese Tendenz scheint in den vergangenen Jahren zugenommen zu haben. Die Frage muss erlaubt sein, ob solche – in einer Entlehnung aus der Ornithologie – landläufig Wendehälse genannten Personen als Vorbilder mit persönlicher Autorität gesehen werden (können) oder ob sie sich nicht vorwiegend auf ihr Amt sowie die damit verbundene Amtsautorität berufen müssen. Zudem entsteht der Eindruck, dass die „Chamäleon-Strategie" – während diese Echse bei Gefahr ihre Farbe rasch ändert, äußert sich der politische Farbwechsel allerdings bei Aufstiegsbedarf – nicht selten Erfolg versprechender ist als pädagogisches Engagement und Einsatz für die Schule. Eine gewisse Resignation macht sich breit, die sich auch in der derzeitigen, ziemlich tristen Bewerbungssituation für Schulleitungen im Pflichtschulsektor niederschlägt.[3] Als Ergebnis dieser Sachverhalte werden in Österreich allzu oft nicht die besten Köpfe befördert, sondern die loyalsten. Leute, die sich den Macht- oder Einfluss-Habenden andienen, sich geschmeidig den zeitgeistigen politischen Strömungen anpassen und sich gut verkaufen, steigen in den Hierarchien nach oben. Unbeugsame, kritische Geister bleiben dabei häufig auf der Strecke, auch wenn sie ausgezeichnet für Führungsfunktionen qualifiziert sind. Die Bildungspolitik muss entscheiden, ob wir uns diesen Schwachsinn weiterhin leisten wollen.

Wieder lohnt sich ein Blick über den eigenen Zaun. Nehmen wir diesbezüglich einmal Deutschland zum Exempel. Dort scheuten sich manche Bildungswissenschaftler und Schulforscher nicht, Führungsschwächen an deutschen Schulen für die vormals schlechten PISA-Ergebnisse mitverantwortlich zu machen. Entsprechend wurde darauf reagiert. Herbert Buchen und Hans-Günter Rolff betonen in ihrem Handbuch „Professionswissen Schulleitung"[4], dass in Deutschland nach langjährigen mühevollen Diskussionen und zäher Überzeugungsarbeit nunmehr Schulleitung als eigenständiger Beruf anerkannt sowie entsprechend honoriert werde. Zudem sei das Professionswissen abgeklärt und ausformuliert. Davon sind wir in Österreich noch weit entfernt. Längst überfällig ist ein klares, vernünftiges Aufgaben- und Rollenprofil für Schulleitungen, das von entsprechend ausgebildeten Leitungskräften auch zu bewältigen ist. Ferner brauchen wir für das Leitungspersonal ein vom Lehrerdienstrecht entkoppeltes, eigenständiges Dienstrecht. Eine effektive Personalauswahl sowie die Besetzung von Schulleitungen und Schulaufsicht mit den

---

3 Vgl. Molzbichler, Herbert: Dissertation zum Thema „Schulleitung im Systemzusammenhang: Stellung, Funktionswandel und Berufsbild. Eine theoretische Verortung für Österreich mit einer empirischen Untersuchung an Kärntner Hauptschulen". Klagenfurt 2009, S. 210-213.

4 Buchen, Herbert/Rolff, Hans-Günter (Hrsg.): Professionswissen Schulleitung. Wiesbaden/Basel 2006.

fähigsten Kräften werden angesichts der vielfältigen Herausforderungen durch neue Aufgaben und Verantwortlichkeiten zur unabdingbaren Voraussetzung.[5] Unterstrichen wird diese Notwendigkeit etwa auch vom österreichischen Erziehungswissenschaftler und Psychologen Helmut Fend, einem international renommierten Fachmann für Bildungssysteme und Schulentwicklung, indem er auf die Bedeutung bestimmter charakterlicher Eigenschaften von Führungskräften hinweist. Demnach würde sich die Führungs- und Managementkompetenz „auf lange Sicht selbst neutralisieren, wenn sie nicht durch Tugenden wie Bemühen um Aufrichtigkeit und Verlässlichkeit, Fairness und Gerechtigkeit, Integrität und Redlichkeit sowie Augenmaß und Weitsicht getragen würde"[6].

Nachhaltigkeit ist in der Professionalisierung von Schulleiterinnen, Schulleitern und Schulaufsicht notwendig, um die vorhandenen Potenziale aktivieren zu können. Eine geeignete Ausbildung im Sinne einer fundierten Vorqualifizierung als Voraussetzung für die Bewerbung um eine Schulleitung oder Aufsichtsposition ist möglichst rasch anzustreben. Die bei uns übliche berufsbegleitende Fortbildung reicht nicht mehr hin. Auch diesbezüglich hinkt Österreich anderen Ländern hinterher. Es sollte endlich ein Bewerberpool für Führungsfunktionen geschaffen werden, in den Aspirantinnen und Aspiranten aus der Lehrerschaft künftig nur nach erfolgreicher Absolvierung einer vorbereitenden, niveauvollen Ausbildung aufgenommen werden.

Zugegeben: Die Entwicklung, Erprobung und Implementierung von unterschiedlichen „Objektivierungsverfahren" in den österreichischen Bundesländern war ein erster längst überfälliger Schritt. Ob damit die Besetzung von Schulleitungen

---

5 Vgl. Molzbichler, Herbert: a. a. O. 2009. Ich habe in meiner Dissertation eine detaillierte Analyse zum
   Berufsbild Schulleitung vorgelegt und gezielte Vorschläge erarbeitet.
   Einige davon fließen in diese Arbeit ein.
6 Fend, Helmut: Qualität im Bildungswesen. Weinheim/München 2001, S. 130.

oder Schulaufsicht viel effektiver und objektiver geworden ist, kann man bezweifeln. Kritiker sehen in den „Objektivierungsmaßnahmen" eher eine Methode, den Einfluss der Parteien grundsätzlich aufrechtzuerhalten.[7] Ferner weist die Kritik darauf hin, dass es in den Auswahlverfahren Grauzonen gebe, die nötige Transparenz und Nachvollziehbarkeit nicht im erforderlichen Maße gegeben sei. Die Auswahl aller schulischen Führungskräfte muss endlich auch in Österreich ausschließlich nach den Kriterien von Eignung und Leistung erfolgen. Alle einschlägigen Qualifikationen sollten eine konsequente Berücksichtigung bei der Betrauung mit Führungspositionen im Schulsystem finden. Parteipolitische Einflussnahme und Klüngelwirtschaft stehen einer Rekrutierung der besten Leute im Wege. Wir brauchen das Rad ja nicht neu zu erfinden. In zahlreichen bildungsbewussten Ländern sind wirksame Auswahlverfahren längst erfolgreich umgesetzt. Bewährte, effektive Konzepte dürfen wir ruhig übernehmen und adaptieren. Wo ein politischer Wille, da ein Weg. Werden die Parteien jemals bereit sein, ihren Einfluss wenigstens dort zurückzunehmen, wo er richtungweisende Maßnahmen blockiert und sich nachteilig auf unser Bildungswesen auswirkt? Das ist eine Kernfrage, der die Politik nicht länger ausweichen darf.

Wenn Nachhaltigkeit im Schulsystem nicht nur ein Modewort bleiben soll, müssen auch die Schulbehörden ihren Beitrag leisten. Sie hätten bildungspolitische Forderungen von Interessengruppen, die immer rascher wechseln, differenziert und längerfristig zu beurteilen. In jüngerer Zeit fällt auf, dass sich PolitikerInnen sowie Eltern immer wieder für „neue" Schultheorien oder Bildungskonzepte begeistern, ohne diese allerdings eingehend zu hinterfragen und in ihren Konsequenzen zu durchschauen. Selbst wenn aus Vernunftgründen klar

---

7 Vgl. dazu exemplarisch Huber, Gerhard: Objektivierung oder Zerstückelung des Menschen in Punkte. 1990, S. 121ff.

absehbar ist, dass ihnen keine lange Lebensdauer beschieden sein wird, wünschen sie deren rasche Umsetzung. Auch auf diese Weise gerät Bildungspolitik in Zugzwang. Den Druck gibt sie an die Schulen weiter. Alle Entwicklungsbemühungen und Maßnahmen müssten vielmehr in einem schlüssigen Gesamtkonzept gesehen werden. Denn die Erfahrung hat wiederholt gezeigt: Ad-hoc-Entscheidungen und schlecht konzipierte (bildungs)politische Interventionen verursachen nur Unruhe. Sie haben gewöhnlich negative Auswirkungen auf die in den Schulen lernenden und arbeitenden Menschen.

Der Schulaufsicht obliegt der strikte Gesetzesvollzug von oben nach unten. Obwohl den Schulinspektorinnen und Schulinspektoren bei Erreichen eines bestimmten Dienstalters der Titel „Regierungsrat" gewährt wird, scheint man im Ministerium deren Rat nicht zu hören. Oder werden – was noch unverständlicher wäre – gar keine Ratschläge nach oben erteilt? Werden die Probleme und etwaige Fehlentwicklungen im pädagogischen Feld, im Schulalltag zu wenig erkannt? Werden sie ignoriert oder beschönigt? Wie auch immer: Die Schulaufsicht ist aufgefordert, der Bildungspolitik fortlaufend ein klares, ehrliches Feedback zu liefern. Die Rückmeldefunktion müsste im Berufsbild der Schulaufsicht ausdrücklich verankert werden. Andernfalls wäre deren Sinnhaftigkeit in Bezug zur Kostenintensität zu hinterfragen.

Im März 2007 wurde dem österreichischen Parlament der Prüfbericht des Rechnungshofes vorgelegt, in dem dieser die Handhabung der Rechte und Pflichten der Schulaufsicht kritisiert, ihr fehlende Effizienz vorwirft und eine Vereinheitlichung ihrer Kompetenzen und Aufgaben verlangt. Bildungsdirektionen, schon seit geraumer Zeit anvisiert, wurden nur sehr schleppend umgesetzt. Seit wenigen Jahren ist die Schulaufsicht für das regionale Bildungsmanagement zuständig. Ob dafür alle im Amt als hinreichend qualifiziert erachtet werden, hängt nicht unwesentlich vom Anspruchsniveau ab, das die Verantwortung Tragenden einer Gesellschaft in wichtige Schlüsselfunktionen setzen. Die in Österreich üblichen Usancen in der Qualifizierung und Bestellung von schulischen Führungskräften muten inzwischen anachronistisch an. Sie halten mit jenen in bildungsstarken Ländern längst nicht Schritt.[8] Wenn die Bildungspolitik den diesbezüglichen Handlungsbedarf nicht erkennt und säumig bleibt, werden wir den Anschluss endgültig verlieren.

Untätigkeit kann man weder Elisabeth Gehrer noch ihrer Nachfolgerin im Unterrichtsressort Claudia Schmied vorwerfen. Beide haben erkannt, dass sich im österreichischen Bildungswesen Wesentliches tun muss. Allerdings spielte auch bei ihnen das ideologische Kalkül keine unbedeutende Rolle. So verpufften in Österreich die ausgerufenen Bildungsoffensiven und Reformvorhaben bislang allzu oft ohne nachhaltig wirksam zu werden. Von Bundesministerin Elisabeth Gehrer wurde im Frühjahr 2003 die sogenannte Zukunftskommission unter der Leitung des Bildungsforschers und Fachmanns für die Qualitätsprüfung von Bildungssystemen Günter Haider mit dem Auftrag eingerichtet, ein gesamtheitliches Reform- und Entwicklungskonzept für das österreichische Schulsystem zu erarbeiten. Davon ausgehend sollte eine Reformdiskussion initiiert werden. Die Kommission ordnete die von ihr in wenigen Monaten erarbeiteten Reformmaßnahmen sieben Handlungsfeldern zu, die sinngemäß lauteten: Schule und Unterricht systematisch verbessern; klare Ziele zur besseren Orientierung setzen; Handlungs- und Entscheidungsspielräume für Schulen erweitern; schulorganisatorische Verbesserungen anstreben; Professionalisierung und Stärkung des Lehrberufs; Qualität prüfen

---

8 Vgl. dazu Molzbichler, Herbert: a. a. O. 2009, besonders S. 200-210 sowie S. 216-235 und S. 275f.

und sichern; Unterstützungssysteme einrichten. Angesichts der unterbreiteten Vorschläge ist das, was davon politisch umgesetzt wurde, ziemlich dünn. Wieder einmal hat sich gezeigt, dass Forderungen zwar leicht erhoben werden können, aber ungleich schwieriger substanziell und wirkungsvoll umzusetzen sind.

Im Anschluss an die bisher beschriebenen Sachverhalte sei hier noch paradigmatisch auf das Regierungsübereinkommen vom Jänner 2007 verwiesen, in dem im Kapitel Bildung vor allem eine Modernisierung (?) und Neuorganisation von Schulverwaltung und Schulmanagement fixiert wurden. Zu deren Umsetzung wurden beschlossen: die Schaffung von Bildungsdirektionen, die Einführung eines mittleren Schulmanagements, eine moderne (?), effiziente Schulaufsicht, die Möglichkeit zur Neuordnung der Schulsprengel sowie der weitere Ausbau der Schulautonomie. Zur Qualitätssicherung an Schulen sind – wie es heißt – die zügige Fertigstellung der Bildungsstandards und ihre Implementierung anzustreben. Die Einrichtung eines Bildungsmonitorings, das fortlaufend Rückmeldungen über Unterrichtsqualität und Unterrichtsertrag gewährleistet, sowie die ständige Aktualisierung der Lehrpläne sollen ebenfalls der schulischen Qualitätssicherung dienen. Zudem wurde ganz allgemein betont, dass hochwertige Bildungsangebote und die bestmögliche Betreuung für Kinder wie Jugendliche einer verantwortungsvoll wahrgenommenen Autonomie an den Schulen, moderner (?) Strukturen in der Schulverwaltung, klarer Regelungen hinsichtlich der Lern- und Leistungsziele sowie einer aussagekräftigen Evaluierungskultur bedürfen. Und schließlich – man ist fast geneigt, natürlich zu schreiben – seien zur Erhöhung der Chancen für die Jugend zukunftsorientierte Bildungsreformen (!) erforderlich, die auch auf verstärkte Motivation, Mitwirkung und Mitbestimmung aller SchülerInnen, Eltern und LehrerInnen im Rahmen der Schulpartnerschaft hinzielen. Und last, but not least sollen die öffentlichen Bildungsausgaben insgesamt angehoben werden.[9]

Soweit die 2007 zu Papier gebrachten Absichtserklärungen, von denen viele schon damals nicht mehr ganz neu waren. Findet sich einiges davon doch bereits in den Vorschlägen der Zukunftskommission sowie in vorgehenden Regierungsübereinkommen. In dem bewussten Rückblick zeigt sich, wie langsam die Mühlen hierzulande mahlen. Die im System arbeitenden Schulleute wissen, was bislang noch immer einer sinnvollen Umsetzung harrt. Was genau mit den beliebten Etikettierungen „modern" und „Modernisierung" gemeint ist, bleibt einmal mehr dahingestellt. Im renommierten Wochenmagazin Profil stand im Zuge der – angesichts unserer wahren Probleme derzeit völlig überflüssigen – Debatte um die Abschaffung der Matura die harsche Kritik zu lesen, dass in Österreich Reformvorhaben durch Dilettantismus, Koalitionszank und Dogmenstreit schon im Ansatz torpediert würden.[10]

Ein heikler Punkt, der unter den Nägeln brennt, betrifft die Personalzuteilung an die Schulen. Obzwar Profilierung und autonome Schwerpunktbildungen durchaus erwünscht sind, werden sie durch eine restriktive Sparpolitik und Dienstpostenbewirtschaftung der öffentlichen Hand kaum unterstützt. Wie Leitende berichten, seien häufig die benötigten Lehrkräfte, die nach ihrer Ausbildung ins Schulprofil passen, nicht zu bekommen. Andererseits sei es auch sehr schwer, „eingesessenes" Lehrpersonal bedarfsorientiert zu versetzen. Hier wirkt sich auch das Dienstrecht oft hinderlich aus. Ein unhaltbarer Zustand.

---

9 Vgl. Österreichische Bundesregierung: Regierungsübereinkommen für die XXIII. Gesetzgebungsperiode. Jänner 2007, S. 85-91.
10 Vgl. Bauer, Gernot/Goebel, Tina/Meinhart, Edith: Unbilden. Wie politischer Dilettantismus Schulreformen in Österreich verhindert. In: „Profil" vom 3. März 2014, S.18.

Zudem bringt die unausgewogene Altersstruktur Inflexibilitäten ins System. Im letzten Jahrzehnt hat sich die Überalterung des Lehrstandes stark zugespitzt. Darauf hat die Politik nicht rechtzeitig reagiert. Da gegenwärtig sowie in naher Zukunft starke Jahrgänge in den Ruhestand treten, zeichnet sich bereits in einigen Sparten und Fachgebieten wieder ein Mangel an Lehrkräften ab. In manchen Regionen fällt es jetzt schon schwer, den Bedarf zu decken. Hätten die politisch Verantwortlichen in den vergangenen Jahrzehnten weitsichtiger agiert, stünden sie heute nicht so unter Zugzwang. Schließlich haben sie ihre Steuerungsfunktion und Richtlinienkompetenz ernst zu nehmen.

An den Universitäten haben wir übrigens ebenfalls große Ungleichgewichte. Während manche Studienrichtungen überlaufen sind, mangelt es in anderen an Nachwuchs; besonders betroffen sind davon naturwissenschaftliche und technische Studiengänge. Die Einführung von spezialisierten Fachhochschulen war jedenfalls ein richtiger bildungspolitischer Schritt. Man hüte sich davor, aus Kostengründen Standorte wieder aufzulassen, obwohl sie sich bewährt haben. Die Verteilung über das ganze Bundesgebiet sowie die Ansiedlung außerhalb der Ballungszentren hat eine wohltuende Bereicherung der Bildungslandschaft mit sich gebracht. Anlass zur Hoffnung gibt wenigstens in dieser Hinsicht die Koalitionsvereinbarung für die XXV. Legislaturperiode von 2013 bis 2018. Dort steht zu lesen, dass die Fachhochschulplätze im Rahmen eines künftigen Fachhochschulentwicklungs- und -finanzierungsplans bis 2018 auf 50.000 Plätze ausgebaut sowie die Fördersätze erhöht werden sollen.[11] Bleibt nur zu hoffen, dass diese richtigen Maßnahmen voll ausfinanziert sind und nicht erneuten Einsparungen zum Opfer fallen.

Alarmieren müsste unsere Bildungsverantwortlichen das seit Jahren bekannte Defizit vieler Landsleute im Beherrschen

---

11 Vgl. Bundeskanzleramt, Bundespressedienst (Hrsg.): Arbeitsprogramm der Österreichischen Bundesregierung 2013 – 2018. Wien im Dezember 2013, S. 45.

der grundlegenden Kulturtechniken. Die von der OECD 2011/12 durchgeführte PIAAC-Studie (Programme for the International Assessment of Adult Competencies) – auch gelegentlich „PISA für Erwachsene" genannt –, an der sich mit Österreich insgesamt 24 Länder beteiligten, liefert dazu interessante Einsichten. Vertraut man dieser Vergleichsstudie, so ergibt sich ein bedenklicher Befund: Beinahe eine Million (!) der 16- bis 65-jährigen ÖsterreicherInnen können demnach nur schlecht oder kaum lesen. Magere 8,5 Prozent erreichen die höchste Kompetenzstufe beim Lesen komplexer Texte. 15,3 Prozent können hingegen überhaupt nicht sinnerfassend lesen.[12] Die Rechtschreibkenntnisse zeigen seit Jahren ebenfalls einen eklatanten Abwärtstrend.

Man muss kein Befürworter internationaler Vergleichsstudien sein. Da Österreich aber immer wieder daran teilnimmt, sollten die Ergebnisse auch detailliert analysiert und nötige Konsequenzen daraus gezogen werden. Folglich kommt dieser Tage keine kritische Bestandsaufnahme im Bildungssystem ohne die Einbeziehung der Ergebnisse einschlägiger vergleichender Untersuchungen aus. Zwei Studien, die von der IEA (International Association for the Evaluation of Educational Achievement) orchestriert werden, erweisen sich als besonders aufschlussreich. Während PIRLS (Progress in International Reading Literacy Study) die Lesekompetenz der neun- bis zehnjährigen VolksschülerInnen überprüft, gibt TIMSS (Trends in International Mathematics and Science Study) Aufschlüsse über die Grundkompetenzen in Mathematik und den Naturwissenschaften am Ende der Grundschulzeit.

Bislang hat Österreich dreimal an PIRLS (2006, 2011, 2016) sowie dreimal an TIMSS (1995, 2007, 2011) teilgenommen. Die Resultate von PIRLS 2016 werden allerdings erst

---

12 Vgl. Statistik Austria (Hrsg.): Schlüsselkompetenzen von Erwachsenen. Erste Ergebnisse der PIAAC-Erhebung 2011/12. Wien 2013.

Ende 2017 veröffentlicht. Im zweiten Fall ist aber immerhin bereits ein längerfristiger Vergleich möglich, obwohl Österreich an TIMSS 2015 nicht teilgenommen hat. Aussagekräftige Ergebnisse können hier nur in stark geraffter Form zum Überdenken wiedergegeben werden. Außerdem soll der Fokus hauptsächlich auf die ausgewählten 14 Vergleichsländer mit ähnlichen wirtschaftlichen, politischen und sozialen Rahmenbedingungen gerichtet werden, um das Abschneiden unserer Volksschulkinder sinnvoll vergleichen zu können.

Unter den Vergleichsländern nimmt Österreich in der PIRLS-Studie 2011 den letzten Platz ein, insgesamt unter 45 Teilnehmern den bescheidenen 25. Rang. Von 2006 bis 2011 scheint sich die Fähigkeit zum sinnerfassenden Lesen bei unseren ViertklässlerInnen signifikant verschlechtert zu haben, während es – so die Interpretation der Ergebnisse – anderen Bildungssystemen gelungen ist, die Lesekompetenz der Kinder zu steigern.

In der TIMSS-Studie 2011 nehmen unsere VolksschülerInnen in der Mathematikkompetenz unter den 14 Vergleichsländern Rang 11 ein. Während sich im Kurzzeitvergleich zu 2007 keine wesentliche Veränderung abzeichnet, sind die Leistungen in Mathematik im längeren Vergleichszeitraum seit 1995 allerdings bedenklich gesunken – zumal bei den stärksten Schülerinnen und Schülern. In Österreich kam es insgesamt seit 1995 zu einer signifikanten Verschlechterung sowie von 2007 bis 2011 zu keiner nennenswerten Verbesserung. Am besten schnitten unsere ViertklässlerInnen im Kompetenzbereich Naturwissenschaften ab, wo sie ziemlich genau den Referenzwert der 14 Vergleichsländer erreichten und sich damit seit 1995 unverändert im guten Mittelfeld platzierten.

Obwohl letztlich nicht Rangplätze entscheidend sind, zeigen die hier präsentierten Daten zur Lese- und Mathematikkompetenz von Grundschulkindern deutlich auf, dass

Österreich im Vergleich zu anderen Bildungssystemen ernsthaft Gefahr läuft, zurückzufallen. Ein weiteres Detail, das von PIRLS und TIMSS erhoben wird, betrifft das Selbstkonzept der Kinder in Bezug auf Lesen, Mathematik und Naturwissenschaft. Damit ist das Vertrauen der ViertklässlerInnen in ihre Fähigkeiten respektive ihre subjektive Einschätzung derselben gemeint. Ein zwar optimistisches, aber dennoch realistisches Selbstkonzept wäre pädagogisch wünschenswert, weil sich ein solches unterstützend auf den Lernerfolg sowie die schulischen Leistungen auswirkt. Im Selbstkonzept der getesteten Kinder tut sich ein erstaunliches Österreichspezifikum auf. Obzwar unsere ViertklässlerInnen in der Lesekompetenz hinter allen Vergleichsländern landen, ist fast jedes zweite Volksschulkind von seiner guten Leseleistung überzeugt. Etwa zehn Prozent jener, die an ihre gute Lesefähigkeit glauben, gehören sogar zu den Leistungsschwächsten. Ähnliches zeigt sich in Mathematik: Wieder fällt auf, dass wenige österreichische Kinder mit einem hohen Selbstkonzept tatsächlich leistungsstark sind (nur vier Prozent) und 15 Prozent davon gar zu den Leistungsschwächsten zählen. Der Anteil der VolksschülerInnen mit hohem Selbstvertrauen in ihre naturwissenschaftlichen Kompetenzen ist in Österreich von allen Vergleichsländern mit Abstand am größten.

Dieses österreichspezifische Muster bedarf einer empirischen Untersuchung. Vielleicht resultiert die erstaunliche Kluft zwischen hohem Selbstkonzept und realem Kompetenzmangel aus zu wenig differenzierten oder zu milden, nachsichtigen Beurteilungen, sodass SchülerInnen keine validen, verlässlichen Rückmeldungen über ihre tatsächlich erbrachten Leistungen erhalten. Ein grober Unfug, der seit Jahren praktiziert wird, mag hier mit hereinspielen. Gemeint sind die regelmäßig in den vierten Klassen erfolgenden Interventionen von Elternseite um gute Zeugnisnoten für ihre Schützlinge, damit sie ja ins Gymnasium übertreten können. Viele Volksschullehrerlnnen beklagen, dass es kaum möglich sei, dem ausgeübten Druck standzuhalten. Aus pädagogischer Sicht ist es völlig unverständlich, dass dem von Schulleitungen und der Schulaufsicht in den meisten Fällen nicht entgegengewirkt wird, selbst wenn ernste Schullaufbahnprobleme klar vorhersehbar sind.

Und ein letzter Befund: Sowohl PIRLS als auch TIMSS zeigten – wenig überraschend – auf, dass zwischen den Schülerleistungen und dem familiären Hintergrund ein klarer Zusammenhang besteht. Aber dass Bildung in Österreich in stärkerem Maße sozial „vererbt" wird als anderswo, stimmt nachdenklich. Hohe Chancengerechtigkeit würde sich in möglichst geringen Differenzen zwischen sozial begünstigten und sozial benachteiligten Kindern zeigen. Unserem Bildungssystem gelingt es demnach kaum, für SchülerInnen aus ungünstigen sozialen Verhältnissen, aus bildungsfernen Milieus oder solchen mit Migrationshintergrund faire Chancen auf Kompetenzerwerb und Abschlüsse zu gewährleisten.[13] Soweit ein Überblick über jene beiden Vergleichsstudien, die der Bildungspolitik wichtige Aufschlüsse über den Leistungsstand unserer Kinder vor dem Übertritt in die Sekundarstufe liefern. Die Daten liegen auf dem Tisch. Sie sprechen eine unmissverständliche Sprache. Anstatt kosmetischer Korrekturen sind die richtigen Konsequenzen daraus zu ziehen.

Wie die inzwischen installierten Programme und Maßnahmen zur Leseförderung in den Schulen greifen werden, wird sich zeigen. Immerhin haben sich die Koalitionspartner der neuen Regierung darauf geeinigt, dass einer verstärkten Vermittlung der kognitiven, affektiven und psychomotorischen Grundkompetenzen, insbesondere der Kulturtechniken Lesen, Schreiben, Rechnen, in der Volksschule wieder

---

13 Vgl. Suchán, Birgit et al.: PIRLS & TIMSS 2011. Schülerleistungen in Lesen, Mathematik und Naturwissenschaft in der Grundschule. Erste Ergebnisse. Graz 2012.

mehr Augenmerk geschenkt werden soll. Für schulautonome Förder- oder Stützmaßnahmen sowie zur Begabungs- und Begabtenförderung werden zusätzliche Stundenkontingente zur Verfügung gestellt.[14] Bleibt abzuwarten, ob die Willensbekundungen in der Koalitionsvereinbarung angesichts der kolportierten Budgeteinsparungen im Bildungsressort von 57 respektive 60 Millionen Euro in den Jahren 2014 und 2015 tatsächlich realisiert werden. Erst für 2017 ist eine deutliche Erhöhung des Bildungsbudgets von im Schnitt acht Milliarden auf 8,66 Milliarden Euro vorgesehen.

Wir leiden ja in Österreich mitunter weniger an einem Erkenntnisproblem als vielmehr an diversen Umsetzungsproblemen. Theoretisches Wissen zu besitzen, ist zweifellos wichtig. Aber die Kunst liegt im bestmöglichen Transfer der Erkenntnisse in die Bildungsarbeit sowie in deren Implementierung in der schulischen Praxis. Was von Bildungsverantwortlichen gerne übersehen wird: Dinge zu fordern oder rein formal einzuführen, ist eine Sache, sie in der praktischen Arbeit nachhaltig umzusetzen eine andere.

Die Inszenierungspolitik, in der die Formen der Präsentation meist wichtiger sind als die Inhalte, für die man sich engagiert, ist zu beenden. Sich in der Öffentlichkeit gut zu „verkaufen", reicht nicht aus. Ob der vordergründigen Eigenwerbung und Selbstdarstellung der politischen Führungsriege kommen zunehmend Zweifel an deren Problem- und Verantwortungsbewusstsein auf. Marketingberatung, PR-Arbeit, Werbekampagnen verschlingen eine Menge Geld, das viel nutzbringender einzusetzen wäre. Der oberflächliche Aktionismus am Markt der Eitelkeiten nimmt mitunter makabere Züge an. Wie bringt man die hohlen Phrasen, die variablen Botschaften am besten an die Frau, an den Mann, an die Jugend? Häufig genug gilt:

---

14 Vgl. Bundeskanzleramt, Bundespressedienst (Hrsg.): a. a. O. 2013, S. 41.

viel Lärm um wenig. Laut Konfuzius dröhnen leere Kessel bekanntlich am lautesten. Im Medien- und Inszenierungsgetöse
tun sich offensichtlich auch Bildungsministerinnen zunehmend schwer, konstruktiver Sachpolitik Priorität einzuräumen. In Gabriele Heinisch-Hosek etwa, die als ausgebildete
Lehrerin ja selbst einige Jahre in der Schulstube stand, wurden
diesbezüglich hohe Erwartungen gesetzt.

Mitunter beschleicht einen die Vermutung, dass die ganze
bildungspolitische Inszenierung nur ein hintergründiges Ziel
verschleiert: Wie es von jeher war, sollen die Massen vielleicht
gar nicht umfassend gebildet werden. Vielmehr sollen sie nur
marktkonform ausgebildet werden. Der gebürtige Villacher
Philosoph Konrad Paul Liessmann kritisiert in seinem Buch
„Theorie der Unbildung" die „Wissensgesellschaft" wie folgt:
Nicht um Bildung gehe es ihr, sondern um „ein Wissen,
das wie ein Rohstoff produziert, gehandelt, gekauft, gemanagt und entsorgt werden" solle. Es gehe nur um „flüchtiges
Stückwerkwissen, das gerade reicht, um die Menschen für
den Arbeitsprozess flexibel und für die Unterhaltungsindus-
trie disponibel zu halten."[15] Die Eliten werden wie gehabt in
sogenannten Kaderschmieden herangebildet. Die Sympathie
für Privatschulen nimmt in Österreich merklich zu. Auch das
sollte uns zu denken geben. Das staatliche Schulwesen hingegen wird immer stärker den Einflüssen von Interessengruppen
und Lobbying-Aktivitäten ausgesetzt. Im (partei)politischen
Verwirrspiel wird es fortlaufend ausgehöhlt. Vertrauen geht
verloren. Immer mehr finanziell gut situierte Leute scheren aus
dem öffentlichen Bildungssystem aus, indem sie ihre Sprösslinge an privaten Kindergärten und Schulen einschreiben.

Das österreichische Schulsystem segregiert Kinder schon
im Alter von zehn Jahren. Hierbei nimmt es weitgehend eine

15Liessmann, Konrad Paul: Theorie der Unbildung. Die Irrtümer der Wissensgesellschaft.
Wien 2006, S. 53.

Sonderstellung ein. Daran konnte auch die Implementierung der Neuen Mittelschule nichts ändern. Zudem ist die soziale Selektion – wie auch die weiter vorne beschriebenen Ergebnisse der internationalen Vergleichsstudien PIRLS und TIMSS belegen – stärker als in zahlreichen anderen Ländern. Obwohl inzwischen Inklusion und Integration gleichsam zu Zauberwörtern stilisiert wurden, scheint dahinter doch die Selektionsfunktion weiterhin stark zu wirken. Offensichtlich gibt es politische und gesellschaftliche Kräfte, die das insgeheim befürworten. Aus sogenannter „Political Correctness" wagt es niemand, dies offen einzugestehen. Exklusion darf eigentlich in einer humanen, offenen, demokratischen Gesellschaft nicht stillschweigend hingenommen werden – sei es die Ausgrenzung von Bildungsinstitutionen oder von kultureller Teilhabe oder sei es soziale Ausgrenzung in ihren zahlreichen Facetten. Zumal die kulturelle Vielfalt durch Familien aus anderen Ländern und Kulturkreisen laufend zunimmt, müssen alle Schulleute diesen Kulturen, Lebensformen und Denkweisen gegenüber aufgeschlossen sein. Wie einschlägige Studien klar nachweisen, haben aber viele österreichische Lehrpersonen kulturelle Vorurteile, was in aller Regel heftig bestritten wird. Klar ist: Interkulturelle wie soziale Fähigkeiten sind hilfreich und notwendig, damit Integration gelingen kann. Sowohl im schulischen als auch im gesellschaftlichen Kontext müssen Differenzen und unterschiedliche Wirklichkeitskonstrukte sichtbar, verstehbar, akzeptierbar und dadurch für die gemeinsame Arbeit sowie für das Zusammenleben fruchtbar gemacht werden. Politik, Schule und Gesellschaft sind gemeinsam aufgerufen, ein förderliches, integratives Umfeld zu schaffen.

Uns gelingt es ferner zu wenig, Begabungen frühzeitig zu erkennen und gezielt zu fördern. Darauf wurde im staatlichen Schulwesen – von anerkennenswerten Ausnahmen abgesehen – bislang kaum ein Augenmerk gelegt. Empirische

Untersuchungen haben gezeigt, dass beispielsweise die Fähigkeit zum divergenten Denken vom Kindergarten über die Schulzeit bis zum Erwachsenenalter dramatisch abnimmt. Eine durchaus folgenschwere Entwicklung. Ebenso werden Beeinträchtigungen wie Dyslexie, Dyskalkulie oder andere Defizite fallweise zu spät diagnostiziert. Eine fachgerechte Betreuung findet oft nicht zeitgerecht und im erforderlichen Maße statt.

Im Koalitionsvertrag vom Dezember 2013 wird die möglichst frühe Förderung aller Kinder als Herausforderung erkannt. Hierzu seien die Kindergärten als Bildungseinrichtungen zu stärken. Im Alter von vier Jahren solle der Entwicklungsstand mit dem Fokus auf Sprachbeherrschung erhoben werden. Gezielte Fördermaßnahmen und Unterstützung von Begabungen seien zu forcieren. Die sprachliche Förderung bis zur Schuleingangsphase wird besonders betont.[16] Abgesehen von einigen anerkennenswerten, aber eher marginalen Verbesserungsansätzen findet sich im neuen Regierungsübereinkommen wieder kein Wort von tief greifenden Veränderungen im Bildungswesen. Eine weitere vertane Gelegenheit. Offensichtlich sind sich die politisch gestaltenden Personen des Ernstes der Lage immer noch nicht ausreichend bewusst.

In dem im Jahre 2015 geschnürten Schuleingangsphase- und Volksschulpaket, das die Vereinbarungen im Koalitionsvertrag zur Elementarstufe konkretisiert, ist ein Bildungskompass für alle Kinder ab 3,5 Jahren vorgesehen. Basis dafür sollen verpflichtende Sprach- und Entwicklungsscreenings sowie eine fortlaufende Sprachstands- und Entwicklungsdokumentation vom Kindergarten bis zum Ende der Schullaufbahn sein. Zudem wurde ein zweites verpflichtendes Kindergartenjahr – allerdings mit Opt-out-Möglichkeit – vereinbart.

---

16 Vgl. Bundeskanzleramt, Bundespressedienst (Hrsg.): a. a. O. 2013, S. 40.

Ein bundesweiter Qualitätsrahmen soll 2016 erarbeitet und bis 2025 umgesetzt werden. Als Brücke vom Kindergarten in die Schule ist die neue Schuleingangsphase gedacht. Dazu gehören das verpflichtende letzte Kindergartenjahr sowie die beiden ersten Volksschuljahre. Eine stärkere Vernetzung zwischen den Institutionen wird angestrebt, etwa auch durch einen förderbezogenen Datenaustausch. Die guten Absichten sind vorhanden, wenngleich diese Maßnahmen bei Weitem nicht hinreichen, um substanzielle Verbesserungen der Lernergebnisse zu gewährleisten.

Das für mich wichtige Konzept der „Multiple Intelligence" von Howard Gardner hat in unserer pädagogischen Landschaft noch nicht die notwendige Verbreitung gefunden. Bildungspolitisch hängen wir eher dem neoliberalen Trend an: Wirtschaftslastige Kompetenzen werden betont, andere sträflich vernachlässigt. Auch diesbezüglich muss sich die Politik fragen lassen, ob das nicht zu kurz greift. Eine Kurskorrektur ist dringend geboten. Zugleich wäre Schule kritisch daraufhin zu befragen, was sie als Bildungsinstitution überhaupt leisten kann. Darauf hätte man sich zu beschränken, anstatt ihr in Form jeglicher Entgrenzung alles aufzuhalsen. Hier seien exemplarisch nur die in den letzten Jahren immer zahlreicher werdenden „Fächerübergreifenden Unterrichtsprinzipien" angeführt, die so manches, was die Gesellschaft den Schulen zuschiebt, abdecken sollen. Gleich zwölf (!) solcher Prinzipien sind dem Lehrpersonal derzeit neben dem Fachunterricht anvertraut: Leseerziehung, Medienbildung, Politische Bildung, Interkulturelles Lernen, Erziehung zur Gleichstellung von Frauen und Männern, Sexualerziehung, Gesundheitserziehung, Umweltbildung, Verkehrserziehung, Wirtschaftserziehung und Verbraucherbildung, Europapolitische Bildungsarbeit, Entwicklungspolitische Bildungsarbeit. Dürfen es vielleicht künftig noch mehr sein? Wie dem auch sei. Jedenfalls ist kaum zu leugnen – wie etwa auch aus Gesprächen mit kriti-schen Kollegen und Kolleginnen hervorgeht –, dass sich solche Unterrichtsprinzipien häufig als zahnlose Papiertiger erweisen. Allzu wenige Lehrkräfte fühlen sich über ihre eigentlichen Fachbereiche hinaus dafür zuständig und/oder kompetent. Außerdem fehlt meist die hierfür erforderliche Koordination.

Die Bildungsverantwortlichen stehen noch immer unter Zugzwang, wahrscheinlich stärker denn je. Die Schulpolitik „Made in Austria" muss sich ändern. Selbst wenn ein Auf-der-Stelle-Treten das Gefühl vermittelt, voranzuschreiten, bleibt es eine Illusion. Und im recht üblichen ein, zwei Schritte nach vorne, ein Schritt zurück oder viele Schritte im Krebsgang zur Seite kommen wir nicht wirklich voran.

Reformitis und Neophilie

Nichts erscheint naheliegender als den folgenden Überlegungen Auszüge aus einem brillanten Traktat von Konrad Paul Liessmann[17], einem profunden Kenner der Materie, voranzustellen:

„Ein Gespenst geht um in Europa – der Reformgeist. (…) Alle sind fest im Griff des Reformgeistes, auf Schritt und Tritt wird man von ihm begleitet. Er hat sich überall eingenistet, im Denken und in der Sprache, er macht vor keiner Institution halt, befällt Volksschulen ebenso wie Universitäten (…) Obwohl nicht wirklich heilig, ist der Reformgeist omnipotent, und ständig ist man seinem Wehen ausgesetzt (…) Der Reformgeist ist die allumspannende und alles umfassende politische Ideologie unserer Tage. (…) Der Reformgeist ersetzt alle anderen politischen Programme, Konzepte und Ideen. Und er ersetzt auch die Moral. Es kommt nur noch darauf an, Mut zu Reformen zu zeigen. Tugendhaft ist heute, wer Reformbereitschaft signalisiert, einem Laster ist verfallen, wer Reformen verweigert. Die Reform ist das Gute, die Blockade das Böse, die Welt teilt sich in Reformfreudige und Reformfeinde (…) Und wie jede gute Ideologie kann auch der Reformgeist auf Begründungen seiner selbst verzichten. (…) Eine Reform ist stets dringend geboten, weil Reformen stets dringend geboten sind. Prinzipiell herrscht immer und überall Reformbedarf (…) Und das Schöne daran ist: Mit jeder Reform steigt der Reformbedarf. Denn alle Probleme, die Reformen so nach sich ziehen, können nur durch noch mehr Reformen gelöst werden. Denn eines ist klar: Die Reform selbst kann und darf nie das Problem sein. (…) Im Gegensatz zu anderen Geistern hat der Reformgeist mittlerweile tatsächlich alle Menschen erfasst, niemand wollte es abstreiten, dass reformiert werden muss.“

---

17 Liessmann, Konrad Paul: Der Reformgeist. Wien 2005, S. 39f.

Wir leben, wie so floskelhaft gesagt wird, in einer schnelllebigen Zeit. Schon Heraklit, der Philosoph des Wandels, hatte festgestellt, dass alles fließt („panta rhei"). Aber heute scheint alles schneller zu fließen, ja zu zerfließen, flüchtiger zu werden. Wir Menschen haben unser Leben – mehr unbewusst als bewusst – beschleunigt, hektischer, umtriebiger gemacht. Viele hecheln von Event zu Event, begleitet von der Angst zu spät zu kommen, etwas zu versäumen. Die Fähigkeit, Ruhe und Stille auszuhalten, ja zu genießen, geht allmählich verloren. Speziell bei Kindern und Jugendlichen wirkt sich dieser Trend negativ auf ihr Durchhaltevermögen sowie auf ihre Konzentrationsfähigkeit aus, was sich unter anderem nachteilig auf das Lernen auswirkt.

Der Zwang zur Modernität und die Neophilie kennzeichnen ebenso unsere Zeit wie die Beschleunigung. Die allseits grassierende Neuerungssucht drückt sich in einem unbändigen Drang zum Neuen aus, wobei Neues erstaunlich rasch veraltet und reizlos wird. Nur das Neue, Neueste, ja Allerneueste erscheinen gut, hilfreich, wertvoll, erstrebenswert. Dieser zeitgeistige Glaube geht einher mit einer fortlaufenden Entwertung des Traditionellen, des Alten oder Althergebrachten. Traditionen reißen ab, büßen an Bedeutung ein, zumal die junge Generation weitgehend das Vertrauen in Traditionen, Institutionen und Autoritäten verliert. Während manche kulturelles Brauchtum noch hochhalten, wird es von vielen nur mehr milde belächelt. Traditionen werden immer weniger als Halt gebend, wegweisend oder sinnstiftend empfunden. Mit der Abwertung des Alten und Traditionellen verstärkt sich auch die gefährliche Tendenz zur Geschichtsvergessenheit. Diese Entwicklung bringt es mit sich, die eigene Identität nur mehr im Hier und Jetzt sowie in den Zielen der Zukunft zu suchen.

Die Kenntnisse über die historischen Wurzeln von Bildung und Erziehung gehen vielfach verloren. Die pädagogische Ideengeschichte ist zu wenig bekannt oder wird schlichtweg ignoriert. Aus diesen Gründen halten heute viele ihre Ideen nicht nur für ganz modern, sondern für brandneu. Und so meinen sie, alles neu erfinden zu müssen. Zum einen ist der starke Hang zu Neuerungen und Reformen im Bildungssystem wohl mit diesen gesamtgesellschaftlichen Phänomenen zu erklären.

Zum anderen weht der Reformgeist ja in ganz Europa sowie darüber hinaus. Alle sogenannten Bildungsoffensiven und Reformen müssen heutzutage auch auf der Folie internationaler wie globalwirtschaftlicher Entwicklungen und Interessen gesehen werden. Dabei ist zunächst festzustellen, dass die Notwendigkeit von entsprechenden Anpassungen, Korrekturen, Verbesserungen, Innovationen, Weichenstellungen oder dergleichen – unter dem Begriff Reformen subsumierbar – im Bildungssystem völlig außer Zweifel steht und breiten Konsens in unserer Gesellschaft findet. Im krassen Gegensatz dazu steht allerdings, dass sich viele LehrerInnen, ErzieherInnen, PolitikerInnen, mitunter auch VertreterInnen der pädagogischen Wissenschaften weder intensiv und kritisch genug mit den Beweggründen für oder den Hintergründen von Bildungsreformen noch mit den durch diese initiierten, beabsichtigten wie unbeabsichtigten, Entwicklungen auseinandersetzen. Bei allen Reformvorhaben im Schulwesen müssten vorweg die gesamtgesellschaftlichen, die bildungs-, sozial- und wirtschaftspolitischen, Rahmenbedingungen analysiert und die möglichen Effekte der intendierten Ziele vorausschauend überprüft werden. Etwa unter den Leitfragen: Wie können wir das, was wir wollen, erreichen? Und wollen wir das, was wir tatsächlich erreichen? Blindflüge sind teuer; sie enden nicht selten in einer Bruchlandung.

Während heute Staat wie Gesellschaft mehr und mehr Aufgaben an die Schulen delegieren, geht man im Bildungssystem gleichzeitig davon aus, dass fortlaufend Veränderungen notwendig sind. Modische Trends und schlecht durchdachte Innovationen bringen – wie die Vergangenheit belegt – Reformen und Schulentwicklung in Verruf, weil sie nahezu zwangsweise scheitern.[18] Da bildungspolitische Forderungen aus der Öffentlichkeit zunehmend momentanen Moden sowie dem Zeitgeist folgen, setzen sie Politik und Schule ständig unter Zugzwang. Oft reagieren die Verantwortlichen überhastet und kurzsichtig. Unreflektierte, unausgewogene, wechselvolle, wenig nachhaltige Maßnahmen resultieren daraus. Die Schulen müssen es ausbaden und ernten die Kritik.

In der gegenwärtigen schulpolitischen Wirklichkeit mag tatsächlich der Eindruck entstehen, bei der allseits eingeforderten Schulentwicklung handle es sich um eine Modeerscheinung. Der Begriff ist ebenso populär wie inflationär. Alles Mögliche und Unmögliche wird mit dem zugkräftigen Etikett Schulentwicklung versehen. Anton Strittmatter[19] ortet eine paradoxe Rhetorik in der Schulentwicklungsszene. Hohle, paradoxe Rhetorik sei schon immer ein „Markenzeichen" der Schulpädagogik gewesen – zumindest im öffentlichen politischen Diskurs. Paradoxien, Dilemmata, Widersprüche gehörten – zumal in einer dynamischen, pluralistischen Gesellschaft – wesenhaft zur pädagogischen Arbeit sowie zur schulischen Führung. Wer diese ausblende, sei praxisfremd und vereinfache die wirklichen Ansprüche der Unterrichts- und Schulsituation in nahezu sträflicher Weise.

Sowohl Bildungsreformen als auch Schulentwicklung müssen stärker gesellschaftlich reflektiert werden, weil sie notwendigerweise in eine vorgegebene gesellschaftliche Wirklichkeit eingebunden sind. Darauf wird noch zurückzukommen sein. Wie der norwegische Erziehungs- und Bildungswissenschaftler

---

18 Vgl. Fullan, Michael: Die Schule als lernendes Unternehmen. Konzepte für eine neue Kultur in der Pädagogik. Stuttgart 1999, S. 50 und S. 69
19 Vgl. Strittmatter, Anton: „Todsünden" und „Kardinaltugenden" der Personalführung. Was Schulleitung gegen und für eine professionelle Arbeits- und Lerngemeinschaft tun kann. 2006, S. 22.

Per Dalin[20] betont, geht es bei Schulentwicklung letztlich um Werte. Ihr liegt immer ein bestimmtes Menschen- und Gesellschaftsbild zugrunde. Schulentwicklung kann deshalb viele Formen annehmen, auf verschiedenen Ebenen des Systems erfolgen sowie mit unterschiedlichen Methoden umgesetzt werden. Schulentwicklung ist zugleich Arbeits- und Lernprozess.

Konrad Adam[21], deutscher Journalist und Publizist, behauptet in seiner kritischen Auseinandersetzung mit der diagnostizierten deutschen Bildungsmisere, dass die Neophilie, die Neuerungssucht, nirgendwo hässlichere und überflüssigere Blüten treibe als in der Pädagogik. Und was laut Konrad Paul Liessmann[22] die zeitgeistigen Bildungsreformer aller Richtungen eint, sei ihr Hass auf die traditionelle Idee von Bildung: „Dass Menschen ein zweckfreies, zusammenhängendes, inhaltlich an den Traditionen der großen Kulturen ausgerichtetes Wissen aufweisen könnten, das sie nicht nur befähigt, einen Charakter zu bilden, sondern ihnen auch ein Moment von Freiheit gegenüber den Diktaten des Zeitgeists gewährt, ist ihnen offenbar ein Greuel. Gebildete nämlich wären alles andere als jene reibungslos funktionierenden flexiblen, mobilen und teamfähigen Klons, die manche gerne als Resultat von Bildung sähen." Liessmann warnt vor Reformen nur um der Reform willen. Auch dürfe etwa PISA (Programme for International Student Assessment) nicht noch mehr zu einem (Tod-)Schlagwort werden, das jedes differenzierte Nachdenken und eine möglichst vorurteilsfreie Debatte erspart. PISA könne nicht zur Argumentation für nahezu alles missbraucht werden – einerlei ob es um Reformansätze zur Ganztagsschule oder Gesamtschule, um die Lehrerfortbildung, um Leistungsstandards oder die Zentralmatura geht. Der Philosoph scheut

20 Vgl. Dalin, Per: Theorie und Praxis der Schulentwicklung. Neuwied 1999, S. 214ff.
21 Vgl. Adam, Konrad: Die deutsche Bildungsmisere. PISA und die Folgen. München 2002, S. 192.
22 Liessmann, Konrad Paul: a. a. O. 2006, S. 52f.

sich nicht festzustellen, dass mittlerweile kaum noch jemand auf die Idee kommt, in den Schulreformen der vergangenen Jahre und Jahrzehnte eine Ursache für die heutige Misere zu sehen. In einer scharfsinnigen Analyse unserer „Wissensgesellschaft" konstatiert er, dass die meisten Bildungsdebatten der Gegenwart durch groß angelegte Selbstbetrugsmanöver gekennzeichnet seien. Den beinahe regelmäßig ausgerufenen Bildungsnotständen oder -katastrophen stünden die Bildungslügen gegenüber, die mit eindrucksvollen Worten über die wahren Möglichkeiten und Zwecke von Bildung hinwegtäuschten.

Reinhard Voß[23] ortet das fehlende Eingeständnis von Erziehungswissenschaft und Politik, dass der lange gewählte Weg der Reformen (rolling reform) sich als Sackgasse erwiesen habe, da die Fixierung auf lineares Denken und Handeln die ungewollten Nebenwirkungen völlig außer Acht gelassen habe. Daher seien die traditionellen Wege der Reformen und Veränderungen zu verlassen und durch einen klaren Neubeginn zu ersetzen. Werner Specht schließlich weist darauf hin, dass die Geschichte der Schulreformen „auch eine Geschichte der Immunisierung von Direktoren, Lehrern und Schulgemeinschaften gegenüber Veränderungsbestrebungen ist, die den Bewusstseinszustand an der Basis zu wenig ins Kalkül des eigenen reformerischen Impetus gezogen haben"[24]. Dadurch ergaben sich nicht selten nur marginale faktische Veränderungen in beabsichtigte Richtungen bei gleichzeitig problematischen nicht intendierten, unerwünschten Nebenwirkungen.

Solange Reformen den davon Betroffenen ohne Mitsprache- und Mitwirkungsrecht gleichsam von „außen" respektive von „oben" übergestülpt werden, verwundert es nicht,

---

23 Vgl. Voß, Reinhard (Hrsg.): Die Schule neu erfinden. Neuwied/Kriftel 2002, S. 4ff.
24 Specht, Werner: Auswirkungen der Autonomie auf Schulleben und Organisationskultur. Wien 1996, S. 101.

wenn Unmut oder sogar Widerstand vonseiten des pädagogischen Personals entstehen. Erinnert sei exemplarisch nur an die Erprobung und Einführung der Leistungsgruppen in den Fächern Mathematik, Deutsch und Englisch an den Hauptschulen in den Achtzigerjahren des vorigen Jahrhunderts. Die Strategie, vorerst einmal Schulversuche zur Integrierten Gesamtschule (IGS) mit drei Leistungsgruppen praktisch nur an ausgewählten Hauptschulstandorten einzuführen, blieb damals nicht ohne Kritik. Die AHS-Unterstufe verteidigt ihre „Festung" nach wie vor erfolgreich. Ob ihr Widerstand jemals gebrochen werden wird, steht in den Sternen – jedenfalls so lange eine Zweidrittelmehrheit benötigt wird, um das betreffende Gesetz zu ändern. Bei der Überführung der Hauptschulen in Neue Mittelschulen, die ebenfalls auf Integrierte Gesamtschulen hinzielte, wurde zunächst nur verhaltene Kritik laut – sieht man von den bereits erwähnten Beanstandungen des Rechnungshofes ab. Mittlerweile hat sich das Blatt gewendet. Selbst in der Österreichischen Volkspartei meldeten sich inzwischen einflussreiche Parteileute – unter anderen drei Landeshauptmänner sowie der Wirtschaftskammerpräsident und Wirtschaftsbundobmann – zu Wort, die in Richtung Integrierte Gesamtschule denken. Die Sozialdemokratie stehe zwar zum Koalitionsabkommen, trete aber, wie Claudia Schmieds Nachfolgerin im Bildungsressort Gabriele Heinisch-Hosek bekräftigte, mittelfristig weiterhin für eine gemeinsame Schule der Zehn- bis Vierzehnjährigen ein.

Ein kurzer Einschub zum Phänomen „Kritik" ist an dieser Stelle unumgänglich. Obwohl wir in einer aufgeklärten, offenen, demokratischen Gesellschaft leben, scheint Kritik – und gemeint ist gerechtfertigte Sachkritik – im österreichischen Bildungswesen wenig erwünscht zu sein. Zumindest wurde das bei der Einführung neuer Organisationsformen und Strukturen evident. Ob es sich um die Erprobung des

Leistungsgruppensystems in bestimmten Versuchsschulen oder um die Etablierung der Neuen Mittelschule handelte, stets war man darauf Bedacht, Kritik möglichst nicht aufkommen zu lassen. Nach außen war sie ohnehin verpönt. Nach innen haben manche Vorgesetzte versucht, kritische Äußerungen schon im Keim zu ersticken. Anstatt begründete Bedenken ernst zu nehmen und in die Reformarbeit einfließen zu lassen, wurde über die Kritiker und Kritikerinnen zumeist drübergefahren. Ferner wurde nicht selten Druck ausgeübt. Wenn sich etwa Schulen nicht gleich begeistert auf die Schiene der Neuen Mittelschule warfen, so wurde ihnen von Vertreterinnen oder Vertretern der Schulpolitik und Schulaufsicht mitunter nahegelegt, noch einmal in sich zu gehen. Zumal in städtischen Regionen – so die Warnung – werde man ansonsten viele SchülerInnen an die AHS verlieren. Das werde zur Folge haben, dass selbst lang dienende Lehrpersonen an andere Schulen versetzt werden müssten. Das empfanden zahlreiche Kolleginnen und Kollegen als versteckte Drohung. Bei den erfolgten Abstimmungen zur NMS spielte die Angst vor dem angekündigten Schülerrückgang sowie die Befürchtung, die eigene Stelle zu verlieren, keine unwesentliche Rolle, wie manche offen eingestanden. Solche Gepflogenheiten legen den Schluss nahe: Eine Kultur der sachlichen Kritik steckt in unserem Schul- und Bildungssystem noch weitgehend in den Kinderschuhen. Nicht unerwähnt darf hier allerdings bleiben, dass es auch gute Gründe gab, für die Implementierung der Neuen Mittelschule zu votieren. Bei allen Reformvorhaben ist jedenfalls zu bedenken: Innovationen laufen ohne die aktive und kritische Mitwirkung aller Beteiligten früher oder später ins Leere. Denn entscheidend ist die substanzielle Umsetzung in der praktischen Arbeit.

Mit dem eingeforderten Mut zur Gleichzeitigkeit in der Bildungspolitik prägte die ehemalige Bildungsministerin Claudia Schmied nicht nur einen gediegenen Slogan, sondern ebenso die österreichische Bildungslandschaft in den vergangenen Jahren. Diese Gleichzeitigkeit bedeutete: Neue Mittelschule (NMS), Lerndesign, Kinder-Eltern-Lehrer-Gespräche (KEL), Bildungsstandards, Schulqualität Allgemeinbildung (SQA), Kompetenzorientierter Unterricht, PädagogInnenbildung neu, Zentralmatura (Standardisierte kompetenzorientierte Reifeprüfung), Modulare Oberstufe, Inklusion, schulische Tagesbetreuung etc. Und natürlich internationale Vergleichsstudien wie PISA, TIMSS, PIRLS, TALIS. Resultat besagter Gleichzeitigkeit: Reformeifer und Tempo („Husch-Pfusch") vor Qualität und Nachhaltigkeit. Es blieb nicht einmal Zeit, die Evaluierung der NMS abzuwarten. Im März 2012 beschloss der Nationalrat die Übernahme des Modellversuchs Neue Mittelschule in das Regelschulwesen, obwohl die erste Generation der Modellversuche noch nicht abgeschlossen war und keine aussagekräftigen Befunde über den Nutzen respektive die Wirksamkeit der NMS vorlagen. Diese Vorgangsweise wurde auch vom Rechnungshof kritisiert.

Auf der Homepage des BMUKK war unter dem Aufmacher „Die Neue Mittelschule – ein Meilenstein der Schulreform" unter anderem zu lesen, dass wir in Österreich durch die Neue Mittelschule unterwegs zum internationalen Spitzenfeld in Sachen Schulbildung sind. Die NMS ist die Schule der Zukunft und alle AHS-Unterstufen sind eingeladen, sich an diesem Zukunftsprojekt zu beteiligen.[25] Im krassen Gegensatz dazu forderte am 28. Juni 2013 einer der beiden ehemaligen Direktoren des Bundesinstituts für Bildungsforschung, Innovation und Entwicklung des österreichischen Schulwesens (BIFIE) Günter Haider – nebst den Grünen – einen Stopp des Ausbaus der Neuen Mittelschule. Bei einer Pressekonferenz betonte er, dass die NMS alles andere als eine Gesamtschule sei und sie

---

25 Vgl. BMUKK: Die Neue Mittelschule – ein Meilenstein der Schulreform. 17. Juni 2013.
Auf: http://www.bmukk.gv.at/schulen/bw/nms/index.xml

werde auch nicht zu einer solchen führen. Der Schulversuch „Neue Mittelschule" zur Annäherung von Hauptschule und AHS-Unterstufe startete ja 2008/2009 mit dem Fernziel einer gemeinsamen Schule auf der Sekundarstufe I. Haider gab zu bedenken, dass der Anteil der Zehn- bis Vierzehnjährigen an den AHS-Unterstufen seit der Einführung der NMS sogar gestiegen sei und dass sich dieser Trend fortsetzen werde. Die NMS – so monierte er – sei kein attraktiver Schultyp und habe keine Verbesserung der Leistungen gebracht. Da völlig unklar sei, ob die Neue Mittelschule die Wirkungen erzielt habe, die intendiert waren, müssten wenigstens die Evaluierungsergebnisse abgewartet werden, bevor der Vollausbau durchgezogen werde.[26]

Am Rande sei erwähnt, dass Haiders Vertrag von Unterrichtsministerin Claudia Schmied nicht mehr verlängert wurde. Das mag durchaus andere Gründe gehabt haben. Jedenfalls ist hier nicht der Ort, darüber zu spekulieren. Wie auch immer sich die Dinge im Hintergrund abgespielt haben; Faktum ist, dass nach der BIFIE-Kritik des Rechnungshofes mit Martin Netzer und Christian Wiesner ab 1. April 2013 eine neue Leitung zur – wie es hieß – organisatorischen Konsolidierung und strategischen Kontinuität eingesetzt wurde. Dass diesen beiden Herren kein langes Leben an der Spitze des BIFIE beschieden sein werde, sollte sich schon nach gut einem Jahr erweisen (siehe dazu S. 81).

Michael Fullan, international tätiger Bildungsforscher und Fachmann für Schulentwicklung, erkennt das Hauptproblem im Bildungssystem nicht im Widerstand gegen Reformen oder Veränderungen, sondern in der „Flut von spontanen, bruchstückhaften Innovationen, die aufgrund einer unkritischen und oberflächlichen Betrachtungsweise verordnet und

---

26 Vgl. Der Standard: Grüne und Ex-Bifie-Chef Haider für Stopp der Neuen Mittelschule. 28. Juni 2013. Auf: http://derstandard.at/1371170935650.

akzeptiert werden. (...) Die Schulen reagieren häufig impulsiv und unbedacht auf diese Erwartungen, indem sie sich Hals über Kopf in die neueste Modewelle stürzen"[27]. Weder überhastetes Agitieren noch Blockade oder Stillstand sind akzeptabel. Wer sich nicht aus eigenem Antrieb entwickelt, läuft stets Gefahr, durch die Dynamik des Umfeldes verändert zu werden. Zumal wir in einer dynamischen, pluralistischen Gesellschaft leben, die sich zunehmend rasch wandelt und tief greifend verändert, müssen die Institution Schule sowie das gesamte Bildungssystem danach trachten, damit Schritt zu halten, um ihre Legitimität nicht zu verlieren. Das impliziert generell Fantasie, Kreativität, Lern- wie Innovationsbereitschaft im Andenken und Umsetzen adäquater, zeitgemäßer Lösungen. Inzwischen beginnt die Politik anscheinend zu begreifen, dass wirksame Reformen oder nachhaltige Innovationen nicht gelingen können, wenn die Betroffenen nicht zu Beteiligten von Entwicklungsvorgängen und des Wandels gemacht werden.

Heute ist die weit verbreitete Neigung zu beobachten, jede Veränderung schon vorweg als pädagogischen Fortschritt zu erachten. Das Wort Reform gelesen als *Re-Form* besagt im Kern nichts anderes, als dass sich zwar die Form ändert, das Problem jedoch gleich bleibt. So scheint es tatsächlich häufig zu sein. Ist das Reformkarussell einmal in Schwung gekommen, dreht es sich immer schneller. Ein Ausstieg erscheint dann beinahe unmöglich.

Reformen dürfen nicht immer nur Reaktionen auf falsch Geratenes sein. Auch dürfen sie nicht zu einer zeitgeistigen Modeerscheinung verkommen. Sie dürfen weder abgehoben von gesellschaftlichen sowie bildungspolitischen Notwendigkeiten noch von der Lebenswelt der Kinder und Jugendlichen

---

27 Fullan, Michael: a. a. O. 1999, S. 50.

erfolgen. Keinesfalls sollten sie ideologisch instrumentalisiert werden. Die Politik hüte sich davor, Reformen zu einem Synonym für Einsparungen zu machen. Alle Reformvorhaben sind mit Weitblick vorausschauend sowie unter dem Aspekt einer gewissen Nachhaltigkeit zu konzipieren. Das Augenmaß für das Machbare darf dabei nicht verloren gehen. Allerdings sollte das Notwendige (Not wendende) auch machbar sein. Nur wenn Entwicklungen und Veränderungen auf einem einigermaßen breiten gesellschaftlichen Konsens beruhen, sind sie sinnvoll umsetzbar und können längerfristig wirkkräftig bleiben.

Was bei anstehenden Reformen gelegentlich übersehen oder ignoriert wird: Das Schulsystem ist ein Subsystem der Gesellschaft neben anderen. Somit unterliegen diese Systeme einer ständigen Interdependenz, einer wechselseitigen Beeinflussung und Abhängigkeit. Wenn, um ein besonders dramatisches Beispiel anzuführen, eine stark ansteigende Zahl von Schülern wie Schülerinnen mit familiären, privaten, außerschulischen Problemen dermaßen belastet, oft regelrecht zugeschüttet ist, dass der Kopf für schulisches Lernen schwerlich frei sein kann, wird dieser traurige Sachverhalt unvermeidliche Auswirkungen auf das Unterrichts- und Schulgeschehen haben. Bestimmte Reform- und Schulentwicklungsmaßnahmen werden von solchen in der Gesellschaft zu verortenden Konfliktfeldern oder Phänomenen ebenfalls nicht unbeeinflusst bleiben.

Der Innsbrucker Psychologe und Psychotherapeut Heinz Zangerle[28] empfiehlt sowohl Praktikerinnen wie Theoretikern eines – wie er meint – von divergierenden Ansichten und Reformen gebeutelten Erziehungs- und Bildungssystems schon allein aus Gründen der Psychohygiene, sich gelegentlich vom

---

28 Vgl. Zangerle, Heinz: Einfach erziehen. Die Alternative zu Kuschelpädagogik und Psychoboom. Wien 2004, S. 18.

Zug des pädagogischen Zeitgeistes mit seinen Dogmen loszulösen oder sich wenigstens zu fragen, woher dieser kommt und wohin er fährt. Professor Stefan Hopmann, Schul- und Bildungsforscher an der Universität Wien, fasste seine Eindrücke unserer derzeitigen schulpolitischen Situation in einem Vortrag beim 4. „Forum Unterricht" am 6. März 2014 in Villach etwa wie folgt zusammen. Es scheine ihm ein wenig so, als wolle Österreich – wie andere Nachzügler auch – jetzt nachholen, was sich andernorts schon *nicht* bewährt habe. Reformen seien hierzulande wie Kinderkrankheiten. Sie gingen vorüber; man müsse nur schauen, dass keine bleibenden Schäden entstünden. Als echter Insider, der von Bildungsverantwortlichen schon mehrfach zur Beratung herangezogen wurde, spitzt er seine Erfahrungen mit dieser Polemik zu.

Die Verantwortlichen in Politik und Verwaltung hätten sich einzugestehen: Oberflächliche Reformitis, unreflektierte Neuerungssucht sowie leichtfertige Vergeudung von Steuergeld bringen uns nicht weiter. Um aus der bildungspolitischen Sackgasse herauszufinden, brauchen wir grundlegende Veränderungen im System, die tragfähig sind und eine gewisse Erwartungssicherheit wiederherstellen. Darauf ist Schule im Sinne ihrer Anspruchsberechtigten schließlich angewiesen. Neue Versuchsballone und Baustellen sind derzeit nicht vonnöten. Vielmehr müssen wir die reiche Ernte an nationalen wie internationalen Erkenntnissen und Erfahrungen endlich einfahren. Da wir heute nicht mit Bestimmtheit wissen können, was künftig notwendig sein wird, muss das gesamte Schulsystem auf möglichst breite Bildung ausgerichtet werden. Die Freude am Lernen – Neulernen, Umlernen und gelegentlich auch Verlernen – ist in allen Bildungsinstitutionen zu fördern.

Lebenslanges Lernen, neuerdings sowohl Schlagwort als auch Forderung, versteht sich von selbst. Die Gehirnforschung betont, dass unser Gehirn fortlaufend lerne; was es nicht könne, sei *nicht lernen*. Zudem ist lebenslanges Lernen keine neue Idee. Sie ist dem pansophischen Denken des tschechischen Bischofs und begnadeten Pädagogen Jan Amos Komensky – bekannter unter dem latinisierten Namen Comenius – bereits im 17. Jahrhundert entsprungen. In der von ihm ausgearbeiteten pansophischen Pädagogik (griech. „pansophia" = Allweisheit) legte er als erster Denker größten Wert auf allgemeine, umfassende Bildung, die allen Menschen, ungeachtet ihrer Herkunft, Hautfarbe, Religion oder ihres Geschlechtes, zukommt. Darin liegen die Wurzeln dessen, was vom Renaissance-Humanismus an bis in unsere Tage als Allgemeinbildung bezeichnet wird. Diese Sachverhalte sollten wir uns wieder klarer bewusst machen.

Anmerkung:

Dieses Kapitel war bereits geschrieben, als wieder eine Reformkommission zu Bildung und Schule in Österreich ins Leben gerufen wurde. Diesmal sollten vier Mitglieder der Bundesregierung sowie vier Landeshauptmänner – paritätisch zusammengesetzt aus je vier Mitgliedern der SPÖ und der ÖVP – unter Vorsitzführung von Ressortchefin Gabriele Heinisch-Hosek den erkannten Reformbedarf in Angriff nehmen. Von der ersten Sitzung im Jänner 2015 bis zur großen Präsentation der Ergebnisse am 17. November 2015 steckte man sich den Zeithorizont ab.

Mithin gibt es nunmehr also eine Reform im österreichischen Bildungssektor mehr, die gar als Durchbruch oder großer Wurf verkauft wurde. Mitnichten. Zwar gab es durchaus ein paar Schritte in hoffentlich chancenreiche Richtungen – welche sich ja stets erst in der jeweiligen Umsetzung in der

Praxis bewähren müssen. So umfasst dieses Bildungspaket ein Elementarpädagogikpaket, ein Schuleingangsphase- und Volksschulpaket, ein Autonomiepaket, ein Modellregionenpaket, ein Schulorganisationspaket sowie ein Bildungsinnovationspaket. Erfahrungsgemäß wird da wohl noch das eine oder andere aufgeschnürt werden.

Aufschlussreich ist bei den angekündigten Vorhaben jedenfalls die finanzielle Gewichtung. Während im Zuge der angestrebten Bildungsinnovation Geld in die flächendeckende Verfügbarkeit von ultraschnellem Breitbandinternet sowie die erforderlichen Netzwerke (WLAN oder Nachfolgetechnologie) an allen Schulstandorten bis 2020 fließen soll, wird ansonsten streng auf Kostenneutralität geachtet oder werden sogar Einsparungen anvisiert. Von der vollkommenen Digitalisierung erwarten sich die Bildungsverantwortlichen offensichtlich wahre Wunder. Wie lange mag es wohl dauern, bis diesbezüglich die unvermeidliche Ernüchterung eintritt? Im Innovationspaket ist übrigens auch die Einrichtung einer Bildungsstiftung geplant.

Laut unserer derzeitigen Bildungsministerin Sonja Hammerschmid soll künftig eine Gesamtstrategie zur Digitalisierung bereits ab der Volksschule umgesetzt werden. Wie sie im Jänner 2017 in einem Ö3-Interview[29] erklärte, gehe es ihr dabei auch um Infrastruktur, Lernmaterialien sowie die Fort- und Weiterbildung der Pädagogenschaft. Jedenfalls sollen digitale Kompetenzen stärker als bisher an den Schulen unterrichtet werden, entweder in bestehende Unterrichtsgegenstände integriert oder eventuell sogar in einem eigenen Unterrichtsfach. Diesbezüglich möchte sie die Schulen mitbestimmen lassen.

---

29 Kurier: Hammerschmid für „Digitale Kompetenz" im Lehrplan. 9. Jänner 2017.
    Auf: http://kurier.at/politik/inland/bildungsministerin-sonja-hammerschmid-will-grundkonsens-beim-schulautonomiepaket-und-staerker-digitale-kompetenzen-lehren

„Digitale Kompetenz" soll ausdrücklich in den Lehrplänen verankert werden.

Das Schulorganisationspaket sieht etwa vor, dass es künftig eine „Bildungsdirektion" in jedem Bundesland geben wird. Diese „Bund-Länder-Behörden" sollen die bisherigen Bezirks- und Landesschulräte (Bund) sowie die Schulabteilungen der Landesregierungen (Länder) ersetzen. Die amtsführenden Präsidenten, ihre Vizepräsidenten und die Kollegien der Landesschulräte werden abgeschafft. Die Bildungsdirektionen sollen die Bundes- und LandeslehrerInnen gemeinsam verwalten, was in eine vernünftige Richtung weist. Abgerechnet werden die Gehälter aller Lehrpersonen über das Bundesrechnungszentrum. Unverständlicherweise bleibt der Dienstgeber für die AHS- und BMHS-Lehrkräfte weiterhin der Bund, für die PflichtschullehrerInnen hingegen die Länder. Die auf fünf Jahre befristete Bestellung des Direktorats der Bildungsdirektionen soll durch das Bildungsministerium auf Vorschlag der Landeshauptleute erfolgen. Das Landesgesetz kann außerdem vorsehen, dass der Landeshauptmann oder das zuständige Mitglied der Landesregierung Präsident der neuen Behörde werden kann. Die Zustimmung der Landeshauptleute erfolgte offensichtlich nur unter dieser Voraussetzung.

Alles in allem erweist sich das Bildungspaket – vielleicht abgesehen von der angestrebten Schulautonomie – wieder als kleinkariertes Flickwerk aus Partikularinteressen. Von einer substanziellen Bildungsreform ist indes keine klare Spur zu erkennen. Nicht einmal von einer nennenswerten Verwaltungs- oder Strukturreform im Bildungswesen kann die Rede sein. Was hingegen wiederum gelungen ist: die Aufrechterhaltung und Fortschreibung der parteipolitischen Einflusssphären und ideologischen Standesdünkel im österreichischen Bildungswesen. Eine fatale Tatsache, da eine sinnvolle Systemveränderung wohl nicht zu erwarten ist, solange die haarsträubende

Parteipolitisierung bestehen bleibt. Mehr ist dazu an dieser Stelle nicht zu sagen. Die vorliegende Abhandlung wurde ja unter anderem geschrieben, um auf solche Zusammenhänge und Missstände aufmerksam zu machen.

Vermarktet und ausverkauft: Schule im Sog der neoliberalen Marktwirtschaft

Vor dem Hintergrund der erfolgten Umstrukturierung der nationalen Ökonomien wie der Weltökonomie nach den wirtschaftlichen Prinzipien des Neoliberalismus müssen alle bildungspolitischen Maßnahmen und Zielsetzungen heute analysiert werden. Wer aufmerksam die Entwicklungen der letzten Jahre und Jahrzehnte beobachtet hat, wird eine schleichende Unterwerfung der Pädagogik, der Bildung, des Wissens unter die Parameter eines neoliberalen kapitalistischen Wirtschaftssystems sowie unter die „Heilslehren" des „New Public Management" bemerken. Daher braucht es nicht zu verwundern, dass sich immer mehr Bezeichnungen und ökonomistische Phrasen aus dem „New Management" der Pädagogik bemächtigen, somit das Denken in eine bestimmte Richtung präformieren. Die Wirtschaftsrhetorik hat auch die Bildungsdebatte fest im Griff.

Im Zuge der Globalisierung stehen seit geraumer Zeit wirtschaftspolitische Erwägungen dermaßen im Vordergrund, dass Bildung und Erziehung sowie unsere Bildungseinrichtungen zunehmend von ökonomischen Interessen vereinnahmt werden. Angesichts der Tatsache, dass mit der Übernahme des Welthandelsabkommens durch die Europäische Union im Jahre 1995 das gesamte Schulwesen sowie die Hochschul- und Erwachsenenbildung den ökonomischen Vorgaben der WTO (World Trade Organization) unterstellt wurden, mag das nicht verwundern. Schon zuvor wurde das GATS (General Agreement on Trade in Services) zur Gestaltung des freien Handels mit Dienstleistungen weitgehend unbemerkt von der Öffentlichkeit ausgehandelt. Unter anderem wurde dabei – in Erwartung hoher Wachstumsraten – die Deregulierung des Bildungsmarktes beschlossen. KritikerInnen sehen darin eine problematische Verwirtschaftung von Bildung und Erziehung.[30]

In die Chronologie der Bildungsökonomisierung fügt sich auch das Universitätsgesetz 2002 ein. Im Zuge einer weitgehenden Autonomie der Universitäten zieht sich der Staat seither immer mehr aus seiner monetären Verantwortung zurück, was zu einer chronischen Unterfinanzierung der Universitäten geführt hat. Weitere Einsparungen in der Wissenschaft sollten unbedingt vermieden werden. Betriebswirtschaftliche Prinzipien und Verwertungslogiken dominieren inzwischen also auch den Hochschulbetrieb. Parallel dazu kam es zu bedenklichen Einschnitten in die demokratischen Strukturen zu Lasten der Studierenden sowie des niederrangigen wissenschaftlichen Personals. Durch die starke Ergebnisorientierung – einzig entscheidend ist nunmehr der „Output"(!) – müssen sich Universitäten wie Hochschulen marktwirtschaftlichen Bewertungskriterien wie quantifizierbare Leistungs- und Zielvereinbarungen, Evaluationen, Benchmarks, Wissens- und Forschungsbilanzen sowie diversen Rankings stellen. Seit 1999 ist in Österreich übrigens auch die Gründung von Privatuniversitäten gesetzlich möglich. Für deren Zulassung zeichnet die „Agentur für Qualitätssicherung und Akkreditierung Austria" (AQ Austria) verantwortlich.

Ein weiterer Schritt, der die Kritiker und Kritikerinnen einer Ökonomisierung von Bildung auf den Plan rief, war die Auflösung des Wissenschaftsministeriums im Dezember 2013. Durch die Verortung der Wissenschaftsagenden im Wirtschaftsressort befürchteten sie die fortschreitende Unterordnung der Wissenschaft unter das „Diktat" der Ökonomie. Universitätsleute warnten zudem vor einer drohenden Unterdotierung der Grundlagenforschung.

---

30 Vgl. Molzbichler, Herbert: Die scheinheilige Allianz. Eine Streitschrift. Klagenfurt/Laibach/Wien 2015, S. 126.

Der emeritierte deutsche Erziehungswissenschaftler Marian Heitger etwa beurteilte die vorherrschende Richtung gegenwärtiger Pädagogik wie folgt: „Wenn man sich die der Gesellschaft und Politik genehme und von ihr besonders geförderte erziehungswissenschaftliche Literatur vergegenwärtigt, dann sieht man eine Pädagogik, die sich längst dem profitgierigen Zeitgeist unterworfen hat, die wahren Absichten kaum noch verschweigt bzw. durch eine dem betriebswirtschaftlichen Denken mit ihren Anglizismen entnommene Sprache verschleiert."[31] Mit einer ganzheitlichen Menschenbildung hat die ökonomisch neoliberal geprägte Wissensgesellschaft offensichtlich nicht viel am Hut. Wie viele Indizien vermuten lassen, leben wir so gesehen eher in einer Zeit des Halbwissens, ja gewissermaßen des Unwissens. Auf der Folie wirtschaftlicher Interessen verschärft sich das latente Spannungsverhältnis zwischen Wissen und Bildung im Sinne von Verwertungswissen und ganzheitlicher Menschenbildung. Zumal diese Begriffe im unreflektierten Alltagsverständnis häufig synonym verwendet werden, erscheint dieser Hinweis angebracht.

Mit den Bezeichnungen „Wissensgesellschaft" und „Informationsgesellschaft", die Mitte der Neunzigerjahre des vergangenen Jahrhunderts im gesellschaftspolitischen Diskurs aufkamen, versuchte man ein zentrales Phänomen wahrgenommener gesellschaftlicher Wirklichkeit zu beschreiben. Für das Bildungswesen ist diese Sichtweise von grundlegender Bedeutung, weil sie die Schule als wichtigen institutionalisierten Ort der Wissensvermittlung direkt betrifft und herausfordert. Obwohl Wissenschaft respektive Verwissenschaftlichung wie auch praktische Wissens- und Informationsnutzung zunehmend alle menschlichen

---

31 Heitger, Marian: Eine Giftspritze ins Herz. Das Kind als Schadensfall. Von der Scheinheiligkeit unserer Bildungspolitik und der ihr beflissen und gedankenlos folgenden Pädagogik. In: „Die Presse" vom 28.3.2008. Als Gastkommentar abgedruckt in: aps 2/2008, S. 19.

Lebensszenarien beeinflussen, scheint Bildung und Wissen als kulturelles Kapital, das ohne Verwertungsabsicht der persönlichen Vervollkommnung dient, immer weniger gefragt. Das Wissen der Wissensgesellschaft wird in steigendem Maße von der Wirtschaft mit ihrer vorrangigen Verwertungslogik vereinnahmt und interpretiert. Da Wissen einen entscheidenden Wettbewerbsvorteil bewirkt, wie allenthalben betont wird, müsste die Politik mehr und gezielt in Wissen, Bildung, Forschung investieren, diese aber auch ideell aufwerten. Bei solchen Proklamationen wäre übrigens zu hinterfragen, welches Wissen eigentlich gemeint ist. In der Ökonomie und in der Finanzwelt geht es dabei vor allem um einschlägige Informationen sowie um Informationsvorsprung. Mit echter Bildung hat das höchstens peripher zu tun.

Im Wirtschaftsjargon gesprochen, „produziert" die gegenwärtige Gesellschaft mehr Maturantinnen, Maturanten, Diplomandinnen, Diplomanden, Akademikerinnen und Akademiker als je zuvor. Und sie frönt dem Wunschdenken, dass unsere Gesellschaft deshalb immer wissender, klüger, gebildeter wird. Zertifikate, Abschlüsse, diverse Rankings, Rangplätze in internationalen Vergleichsstudien als ultimative Parameter des Bildungsniveaus. Der Verdacht ist nicht ganz von der Hand zu weisen, dass solche Vergleiche und Standardtestungen sowie die Gründung von Instituten wie die des BIFIE oder der blühende Zweig der Fort- und Weiterbildung, bisweilen bei Vernachlässigung einer fundierten Ausbildung, wirtschaftlich motiviert sind und unter der Ägide neoliberaler Marktideologie stehen. Die Fortbildungsszene droht mittlerweile in eine Art Seminartourismus auszuarten. An diesem florierenden Markt partizipieren neben einer ständig wachsenden Zahl von Vortragenden – Fachleuten unterschiedlicher, mitunter zweifelhafter Qualität – Bildungshäuser und Seminarhotels. Wer wohl am meisten davon profitiert?

Da bestimmte Hintergründe in der Öffentlichkeit kaum bekannt sind, soll hier ein kurzer Blick über unsere nationalstaatlichen Grenzen hinweg nach Amerika und Europa aufzeigen, woher der Wind in der Bildungspolitik eigentlich weht. Vieles von dem, was seit einigen Jahren bei uns wie überall in Europa bezüglich Bildung, Schulen, Universitäten diskutiert und teilweise implementiert wird, ist in den USA längst umgesetzt. So wurde dort beispielsweise eine neue Bildungsindustrie – die „New American Schools Development Corporation" – mit dem Ziel gegründet, Unternehmen zu mobilisieren, Industriegelder in profitorientierte Grundschulen zu investieren. Dieses Programm wurde von transnationalen Konzernen wie Ford, Kodak, General Electric, Heinz sowie anderen gefördert. Kürzungen im Bildungswesen, vor allem bei öffentlichen Hochschulen, haben Colleges und Universitäten veranlasst, „Partnerschaftsverträge" mit Konzernen abzuschließen. Aber auch Schulen gehen Partnerschaften mit Großunternehmen wie Coca-Cola, Burger King, McDonald's, Pepsi-Cola oder Pizza Hut ein, die in Cafeterias Mittagessen servieren. Den Konzernen ist es dafür gestattet, in den Schulen ungebremst Werbung für ihre Produkte zu machen. In Universitäten werden bestimmte Kurse, die von einem Konzern gesponsert werden, sogar nach dem betreffenden Unternehmen benannt. Laut Maria Mies[32] hat ein Industriesprecher der Fakultät für Management der Universität von Toronto vor einiger Zeit kühn das Recht verlangt, im Austausch für eine Geldspende das Curriculum vorzuschreiben. Auch auf diese Weise greift die „Coca-Colisierung" oder „McDonaldisierung" um sich.

Ähnliche Entwicklungen sind auch in Europa angedacht und in Ansätzen bereits verwirklicht. So betreibt etwa der ERT (European Round Table of Industrialists) seit ungefähr

---

32 Vgl. Mies, Maria/Werlhof, Claudia von: Lizenz zum Plündern. Hamburg 2003, S. 140.

1990 eine ähnliche industrieorientierte Bildungspolitik. In seinem Bericht „Bildung und europäische Wettbewerbsfähigkeit" kritisiert er nicht nur die europäischen Bildungssysteme, weil sie die jungen Menschen nur mangelhaft auf die Erfordernisse des Arbeitsmarktes vorbereiten. Dort wird sogar urgiert, dass die Industrie stärker in die Leitungs- und Verwaltungsapparate von Schulen, Universitäten und anderen Bildungseinrichtungen eingebunden werden müsste. Der ERT scheut sich nicht „industrielle Inspektoren" vorzuschlagen, die Kurse und Curricula auf ihre Industrietauglichkeit hin zu überprüfen hätten.[33] Soweit der Ausblick. Zurück nun nach Österreich.

Mit der Vermarktung von Schule wird besonders vonseiten der Wirtschaft sowie der in ihrem Windschatten segelnden Politik die Forderung erhoben, die Schulen nach außen zu öffnen. Neben durchaus wünschenswerten Aspekten der Öffnung zeitigt sie aber auch Effekte, die zumindest zu hinterfragen sind. Werbung – noch vor zwei Jahrzehnten in unseren Bildungsstätten weitgehend verpönt und verboten – überflutet neuerdings die Häuser des Lernens. Am neuen Campus der Wirtschaftsuniversität Wien findet man – um ein besonders markantes Beispiel anzuführen – das „OMV Bibliothekszentrum" sowie den „Red-Bull-Hörsaal", die für ständige Präsenz dieser Firmennamen sorgen. Rektoren wie Rektorinnen wurden im Universitätsmanagement mit sehr weit gehenden Rechten ausgestattet. Aber auch im schulischen Sektor sind die Managementerwartungen an Führungskräfte ziemlich hoch. Wo vom Bund, den Ländern, den Schulgemeindeverbänden, den Gemeinden der Sparstift angesetzt wird, sollen Schulleitungen finanzielle Mittel und andere notwendige Ressourcen auftreiben. Sponsoring – wie Werbung an Österreichs Schulen seit 1997 gesetzlich erlaubt – ist ein schillernder Begriff der

---

33 Vgl. ASEED (Hrsg.): Europa im Umbruch. Ein Bericht über den Europäischen Industriekreis. Amsterdam 1994, S. 17ff.

neoliberalen Bildungspolitik. Manche Schulen, die von besonders findigen Köpfen mit guten Beziehungen geleitet werden, haben sogar ihre eigenen, mehr oder weniger finanzkräftigen Fördervereine, die sich an der Anschaffung von Inventar, Lernmaterialien, neuen Medien und dergleichen beteiligen. Dass Leitungskräfte ihre Zeit und Energie für pädagogische Führung dringender bräuchten, spielt dabei keine Rolle. Heute gilt die Doktrin: Erfolgreich ist, wer Geld lukriert. Die Durchdringung der Bildungslandschaft wie der Gesellschaft mit ökonomischen Prinzipien ist weit vorangeschritten.

Mit der Öffnung der Schule wird auch die Entwicklung von Netzwerken immer wichtiger. Das Netz als beliebte Metapher der Neurowissenschaften, der Ökologie, des Managements verweist unter anderem auf Zusammenhänge, Wechselwirkungen, Beziehungen. Netzwerke sind zweckmäßige Verbindungen, die auf wechselseitiger Unterstützung beruhen. Sie haben den Vorteil, dass sie bei Bedarf wieder aufgelöst werden können. Wer vernetzt ist, verfügt über vielfältige Kontakte. Neben zahlreichen Chancen verbirgt sich darin allerdings die Gefahr der Vereinnahmung. Vernetzung erzeugt in der Regel auch Konformitätsdruck. Das darf in unseren Bildungseinrichtungen nicht unberücksichtigt bleiben.

Die seit Jahren vielerorts erhobenen Forderungen nach mehr Autonomie, Flexibilität, Wettbewerb und Eigenverantwortung der Schulen klingen zunächst durchaus vernünftig und sie sind im pädagogischen Diskurs vorwiegend positiv besetzt worden. Sie bergen allerdings auch Gefahren zu fragwürdigen Weichenstellungen, wird doch im Sog der Wirtschaftsglobalisierung von neoliberalen Ideologen und ihren Adepten ein weitgehender Rückzug des Staates aus allen Gesellschaftssegmenten gefordert, was sich in Deregulierungen und Privatisierungen niederschlägt. Auch auf dieser Folie müssen die Konsequenzen einer erweiterten Selbstständigkeit sowie Eigenverantwortung der Schulen etwa durch personelle und finanzielle Autonomie beurteilt werden.

Wenn die Begriffe „Globalbudget" und „Cluster" fallen, so sollten Schulleute aufhorchen und einige Fragen stellen: Wie würden die Globalbudgets für Schulen dotiert sein? Würde die öffentliche Hand ausreichend Ressourcen zur Verfügung stellen, damit die Schulen ihre vielfältigen Aufgaben erfolgreich erfüllen können? Oder sollen Netzwerke sowie Partnerschaften mit der Wirtschaft eine derartige Finanzierung – mit allen sich daraus ergebenden Abhängigkeiten – ermöglichen? Ist mit Schulclustern wirklich nur ein Verbund von Schulen gemeint? Was sind voraussehbare Konsequenzen einer personellen Autonomie an den Schulen, der Idee, dass Schulleitungen ihre Lehrpersonen selbst auswählen können? Wie soll die Auswahl konkret erfolgen? Welche Parameter werden ihr zugrunde gelegt? Wird – wie geplant – wirklich eine auf Zeit bestellte Leitungskraft ohne jegliche Einbindung des Kollegiums alleine entscheiden? Bleibt die Schulpartnerschaft überhaupt außen vor? Wie können sich Lehrkräfte vor allfälliger Willkür schützen? An welche nachvollziehbaren Kriterien werden die ohnehin bescheidenen Karriere- und Aufstiegsmöglichkeiten im Lehrberuf gebunden sein? Wer wird diese erstellen? – Die Schulleitung, politisch Verantwortliche, Interessenverbände oder unabhängige Personalbüros? Wie kann die Einrichtung von schulspezifischen Unterstützungssystemen praxisnah erfolgen? Wie werden diese personell und finanziell ausgestattet sein? Wer hätte die Kosten dafür zu tragen? Fragen über Fragen, die sich ergeben, sofern bestimmte Absichtserklärungen künftig tatsächlich realisiert werden, die Finanzierungsverantwortung von der öffentlichen Hand aber nicht mehr umfassend wahrgenommen würde.

Der Begriff „Autonomie" ist in unserem Bildungssystem seit geraumer Zeit ein Dauerbrenner, der gegenwärtig wieder heller aufflammt. Grundsätzlich kann Autonomie den Bundesländern, den Bildungsregionen oder aber den einzelnen Schulstandorten gewährt werden. Auf jeder Ebene können ihr ganz unterschiedliche Absichten zugrunde liegen. Wenn ausdrücklich von Schulautonomie gesprochen wird, so ist zunächst abzuklären, was darunter konkret zu verstehen ist und was die Verantwortlichen von ihr erwarten. Ist der größere Entscheidungs- und Handlungsspielraum nur auf Schulleitungen zugeschnitten oder kommt er auch den Lehrkräften zugute? Welche Ziele werden damit intendiert? Schulautonomie ist jedenfalls nur sinnvoll, wenn sie zu einer spürbaren Entbürokratisierung beiträgt, die Qualität schulischer Arbeit begünstigt sowie vor allem zu einer Verbesserung der unterrichtlichen Rahmenbedingungen und letztlich der Lernergebnisse führt. Das sei all jenen ins Stammbuch geschrieben, die mit Autonomie anderes im Sinne haben.

Öffentlichkeitsarbeit und Qualitätsmanagement haben in den letzten Jahren an Stellenwert gewonnen. Auch wenn die Schulleitung dafür hauptverantwortlich zeichnet, gibt es hierfür an Schulen neuerdings spezielle Funktionen wie Schulentwicklungsberatung, Qualitätsbeauftragte, Steuergruppen, Lerndesign, Standortkoordination, Medienbeauftragte und dergleichen mehr. Von der Öffentlichkeit wird zunehmend erwartet, dass sich Schulen als moderne Dienstleistungsbetriebe verstehen und positionieren. Diesem Anspruch spielen die geburtenschwachen Jahrgänge in die Hände, die schon seit geraumer Zeit dem Wettbewerb um die vorhandene Schülerpopulation Vorschub leisten. Eine Trendumkehr ist bisweilen nicht in Sicht.

Sofern es Schulen nicht gelingt, eine bestimmte Anzahl von Schülerinnen und Schülern nebst deren Eltern für ihren Standort respektive ihr Bildungsangebot zu interessieren, droht ihnen eine Schrumpfung oder gar die Auflösung. In den letzten Jahrzehnten haben wir ja genügend – mitunter recht problematische – Schulzusammenlegungen erlebt. Dass davon auch Lehrkräfte betroffen sind, versteht sich von selbst. Aus diesen Gründen bemühen sich Schulen seit einigen Jahren verstärkt um Schwerpunktbildungen, stärkere Profilierung nach außen, Medienarbeit und Präsenz in der Öffentlichkeit. Mitunter wird dabei übers Ziel geschossen, indem man das Augenmaß für das Notwendige und Erträgliche verliert – etwa wenn Schulleitungen respektive einzelne Lehrpersonen oder Teile des Kollegiums dazu neigen, sich regelrecht anzudienen, mit allem und jedem den Eltern entgegenzukommen, damit sie ihre Sprösslinge nur ja an der jeweiligen Schule anmelden oder belassen. Dass sich also Schulen mittlerweile mehr oder weniger geschickt vermarkten und um SchülerInnen wetteifern, wird niemandem verborgen geblieben sein. Manche BeobachterInnen versteigen sich sogar zur Diktion, es sei ein „Kampf um Kunden" ausgebrochen. In unserer Wettbewerbsgesellschaft mag selbst dies in den Ohren vieler gar nicht mehr schrill klingen.

Sollten Pädagogik und Schule da nicht gegensteuern? Diese Frage scheint sich gegenwärtig kaum jemand zu stellen. Doch wohl, es gibt sie noch gelegentlich: KritikerInnen, die nicht müde werden, die direkte – oft blinde – Anpassung der Schule an zeitgeistige gesellschaftliche Veränderungen zu beklagen. Sie meinen, Bildungsstätten müssten auch ein Ort des Widerstandes sein und in diesem Sinne ein wenig gegen die Ansprüche des Zeitgeistes auftreten. Sie dürften nicht jede kurzlebige Mode mitmachen oder offensichtliche Fehlentwicklungen unwidersprochen dulden.

Die Alltagserfahrung zeigt allerdings, dass sich „die Schule" wie auch andere Bildungseinrichtungen in der Regel ergeben in den Zeitgeist einfügen und den Modewellen erliegen. Vieles bleibt an der Oberfläche und führt nur zu marginalen

Veränderungen – keineswegs immer zu Verbesserungen. Zudem wirkt sich meist ein gewisses Verzögerungsmoment bremsend aus. Das mag hinsichtlich wenig fundierter, übereilter oder wechselhafter Innovations- und Reformversuche sogar von Vorteil sein.

In unserem Schulsystem brauchen wir jetzt jedoch dringend Weichenstellungen, die tief gehende Veränderungen auf den Weg bringen. Ist der leicht provokante Spruch „Schools change as slowly as churches" vor den beschriebenen Sachverhalten noch stimmig? Welche Rolle sollten Schulen und andere Bildungseinrichtungen heute spielen? Könnten sie nicht zum „Herzschrittmacher" der Gesellschaft werden, sofern die entscheidenden Kräfte im Staate dies wollten und zuließen? Vielleicht ist noch manchen Lesenden die offene Stellungnahme vom vormaligen Wissenschaftsminister Universitätsprofessor Karlheinz Töchterle im Gespräch mit Barbara Stöckl („Stöckl" ORF 2 vom 19. Dezember 2013) in Erinnerung, worin er freimütig zugab, dass es ihn erstaunt habe, wie wenig man selbst als Minister und Ressortchef politisch bewirken könne. Am wirkmächtigsten seien immer diverse Interessenlagen, die zudem meistens ökonomisch unterfüttert seien.

Ein erstaunliches Detail am Rande: Als ich vor einigen Jahrzehnten bildungswissenschaftliche Psychologie studierte, wurde uns erzählt, dass Kinder unter drei Jahren nicht oder kaum gruppenfähig seien. Heute scheint das nicht mehr zu gelten. Werden doch Eltern gleichsam aufgefordert, schon ihre Kleinsten in Krippen, Horte und Kindergärten zu geben, wo sie von Frühkindpädagoginnen bestens betreut würden. Etwaigen Gewissensbissen wird mit allerlei Beruhigungsargumenten unter psychologischer Begleitmusik begegnet, bringt doch die Berufstätigkeit von Vätern *und* Müttern im ökonomischen Kalkül einen gewünschten Zuwachs an Steuereinnahmen und nationaler Kaufkraft. Dies wird vonseiten der Wirtschaft auch kaum mehr verheimlicht. Die Psychologie stellt sich offenbar in deren Dienste; sie prostituiert sich mitunter, indem sie darauf bedacht ist, dass ihre „neuen" Erkenntnisse den sozioökonomisch erwünschten Entwicklungen nicht zuwiderlaufen. Oder wird sie als Wissenschaft fallweise zu wenig ernst genommen und bei Bedarf instrumentalisiert? Werden bestimmte Fakten ignoriert oder umgedeutet, bis sie schließlich ins zeitgeistige Korsett passen? Hat sich womöglich gar die frühkindliche Konstitution verändert?

Offenbar hat die initiierte Frühförderungseuphorie System und fügt sich exakt ins gängige Muster. Während es noch vor wenigen Jahrzehnten – auch vonseiten der Psychologie – hieß, Kinder sollen Kinder sein und Zeit zum Reifen haben, wird jetzt mit dem institutionellen Lernumfeld sowie mit den damit einhergehenden Leistungserwartungen immer früher begonnen. Unter dem Vorwand der qualifizierten Betreuung und der frühzeitig erfolgenden Lernbegleitung durch Fachleute werden schon Kleinkinder in außerhäusliche und außerfamiliäre Betreuungseinrichtungen verbracht. Das grässliche Wort „abgeschoben" will nicht aus der Feder. Vieles lässt sich ja stichhaltig argumentieren. Leute, die dem ökonomischen Zeitgeist erliegen oder ihm gar huldigen, werden solche auf den ersten Blick schlüssig erscheinende Argumente kaum kritisch hinterfragen. Zahlreiche Menschen werden ja gewissermaßen unfreiwillig von den meist schleichenden gesellschaftlichen Entwicklungen vereinnahmt, denen sie allerdings gewöhnlich in konformistischer Manier bereitwillig und unkritisch erliegen. So ist auch die überwiegende Zahl der Eltern zunehmend in den Strudel der neoliberalen Ideologie geraten, dem sich viele nur mehr schwerlich zu entziehen vermögen. Ob sie es überhaupt wollen, wäre zu prüfen. Jedenfalls kann niemand von seinem Teil an (Mit-)Verantwortung freigesprochen werden. Wie immer die Dinge über die aufgezeigten Facetten hinaus auch liegen mögen: Das Primat der Ökonomie in Politik wie Gesellschaft ist evident. Die Verstrickung von Wirtschaftsinteressen mit Bildung und Erziehung lässt sich nicht verleugnen.

Die Lissabon-Strategie der Europäischen Union, mit der Europa bis zum Jahr 2010 zum wettbewerbsfähigsten und dynamischsten wissensgestützten Wirtschaftsraum der Welt werden sollte, passt vollends ins Bild. Dieses Ziel wurde offensichtlich bei Weitem nicht erreicht. Auch der Bologna-Prozess, der europäische Mobilität und einheitliche Abschlüsse anvisiert, kommt nicht zuletzt der Wirtschaft zugute. Kompetenzen und Schlüsselqualifikationen, von OECD und EU empfohlen, erscheinen heute als das Gelbe vom Ei. Ohne Bedenken werden zunehmend losgelöst von Inhalten neben fachgebundenen (Hard Skills) fachunabhängige Kompetenzen (Soft Skills) eingefordert. Der Fokus liegt wiederum auf der ökonomischen Nützlichkeit sowie Verwertbarkeit. Die neue „Weisheit" steckt offenbar in Bildungsstandards, outputorientierten Kerncurricula, kompetenzbasierter Output-Steuerung, internationalen Testungen und Vergleichen. Das kompetenzorientierte Qualitätsmanagement mutet inzwischen an wie der „Tanz um das Goldene Kalb". Ungewiss bleibt, welche Substanz sich hinter diesen verwässerten Begriffen verbirgt. Trotzdem haben sich die Bildungsverantwortlichen auch hierzulande nicht nur willfährig und unkritisch diesen einseitigen, problematischen Entwicklungen unterworfen, sondern viele forcieren sie sogar im blinden Glauben an deren Notwendigkeit.

Vor diesem Hintergrund erhebt sich noch eine weitere Frage: Welche Rolle spielt eigentlich die OECD im Bildungsgeschehen? Was ist von vergleichenden OECD-Bildungsstudien – „Bildung auf einem Blick", PISA, PIAAC, TALIS – im Lichte der Tatsache zu halten, dass dieser „Wirtschaftsclub", bestehend aus 34 der reichsten Industrieländer, seiner

Bestimmung gemäß vordergründig wirtschaftliche Interessen vertritt und sich unter anderem stark für eine Deregulierung des Arbeitsmarktes sowie die Liberalisierung der Rechte transnationaler Konzerne einsetzt? Auch dahingehende Überlegungen dürfen wir in der österreichischen Bildungsdebatte nicht ausblenden.

Eine Anekdote dazu:

Wie Lisa Kogelnik und Lisa Nimmervoll in einem Standard-Artikel[34] vom 25. November 2015 berichten, haben sich die OECD-Länder gemeinsam auf eine Änderung der Einstufung von Ausbildungen geeinigt, um die Akademikerquote zu erhöhen. Indem nunmehr auch die vierten und fünften Jahrgänge der Berufsbildenden Höheren Schulen (BHS) – etwa Handelsakademien (HAK) oder Höhere Technische Lehranstalten (HTL) – sowie Aufbaulehrgänge als „Kurzstudien" gerechnet werden, konnte die Akademikerquote in Österreich schnurstracks von 20 auf 30 Prozent (OECD-Schnitt 34 Prozent) angehoben werden.

Man mag es kaum glauben. Eine weitere Kuriosität im Bildungsgeschehen. Zeigt sich hierin doch besonders krass, wessen Geistes Kinder so manche Bildungsverantwortliche sind.

---

34 Kogelnik, Lisa/Nimmervoll, Lisa: Bildungsaufstieg ist in Österreich schwer. In: „Der Standard" vom 25. November 2015, S. 12.

Expertentum

Für nahezu alles gibt es heute Expertinnen und Experten, Kommissionen, Gutachten. So auch im Bildungswesen. Ohne Expertise geht anscheinend gar nichts mehr. Wie kommt das? Was macht eigentlich streng genommen einen Menschen zu einem Experten, einer Expertin? Welche Kriterien werden dafür herangezogen? Meines Wissens beschrieb der dänische Physiker und Nobelpreisträger Niels Bohr den Experten als einen Menschen, der alle Fehler gemacht habe, die man in einem bestimmten begrenzten Fachgebiet machen könne. Stets dieselben Fehler zu wiederholen, die schon andere nachweisbar und nachvollziehbar begangen haben, entbehrt allerdings jeder Vernunft, zumal wenn daraus der Allgemeinheit hohe Folgekosten erwachsen.

Was für jemanden einen Experten oder eine Expertin ausmacht, hängt nicht unwesentlich vom jeweiligen Anspruchsniveau ab. Manche Menschen neigen dazu, überraschend schnell und häufig an die eigene Expertise zu glauben, sie für gegeben zu halten. Von echten Fachleuten nimmt man berechtigterweise an, dass sie ihr Fach gründlich beherrschen. Wenn aber heutzutage immer wieder auch fachfremden Personen Expertentum zugesprochen wird, so ist das kritisch zu hinterfragen. Von der Politik oder der Wirtschaft werden bevorzugt jene Fachleute beauftragt, die ihnen in die Hände arbeiten. Expertisen müssen ins politische oder ökonomische Kalkül passen. Sie dürfen dem inszenierten Zeitgeist, den gewünschten gesellschaftlichen Strömungen nicht zuwiderlaufen. Unter dem Deck- und Tarnmantel von Expertenwissen lässt sich so manches leichter an die Adressaten bringen. Um Forderungen oder gewünschte Sachverhalte durchzusetzen, werden gerne ins Konzept passende Aussagen, Erkenntnisse und Forschungsergebnisse von Expertinnen oder Experten vorgeschützt. Man schließt sich ihrer Argumentationslinie in der Hoffnung an, dadurch überzeugender zu wirken. Bei expertengläubigen Menschen verfehlt diese Strategie ihre Wirkung bisweilen nicht.

Von den zahlreichen Expertengutachten im österreichischen Bildungswesen seien hier vor allen jene beiden exemplarisch erwähnt, die im Zuge der Autonomiebestrebungen am Beginn der Neunzigerjahre des vorigen Jahrhunderts vom Bildungsministerium in Auftrag gegeben wurden. Dazu wurden echte Fachleute herangezogen. Mit Peter Posch und Herbert Altrichter betraute man zum einen zwei renommierte Erziehungswissenschaftler und Schulforscher, zum anderen mit Gerhard Friedrich einen versierten Verwaltungs- und Organisationsfachmann. Während das Gutachten der Erstgenannten auf das Wohlwollen der Verantwortlichen stieß und teilweise als Argumentationsgrundlage diente, wurden die Ergebnisse der zweiten Studie in gewisser Weise von den Auftraggebern „schubladisiert". Zwar ist ein Buch unter dem Titel „Autonomie der Schule – ein Organisationsentwicklungskonzept" (Friedrich 1993) erschienen, aber die Ergebnisse wurden vom Bundesministerium nie offiziell verbreitet; wohl nicht zuletzt deshalb – so wurde gemutmaßt –, weil darin eine deutliche Kompetenzaufwertung der Bezirksebene vorgesehen war. Am meisten Aufsehen in den Medien und in der interessierten Öffentlichkeit erregte wohl die vom bm:bwk im Jahr 2003 beauftragte „Zukunftskommission", die mit Günter Haider, Christiane Spiel, Werner Specht und Ferdinand Eder prominent besetzt war.

Gegenwärtig treibt das Experten(un)wesen immer skurrilere Blüten. Phänomene wie der oberflächliche Zeitgeist, die Reformsucht, der entgrenzte Markt oder der enthemmte Wettbewerb erweisen sich dem offensichtlich zuträglich. Zahlreiche Medien bilden eine Plattform für selbst ernannte oder hochgepuschte Experten, die nicht selten mehr zur Unterhaltung beitragen (Stichwort „Infotainment") als zu einer ernsthaften, substanziellen Bildungsdebatte. Allein die bislang überaus positiv konnotierte Bezeichnung verliert – teils durch den inflationären Gebrauch – allmählich an Glanz. Der Nimbus des Expertentums ist durch halbseidene, wenig profunde VertreterInnen in letzter Zeit leicht ramponiert worden. Nicht ohne Polemik schreibt Erwin Chargaff, einer der führenden Biochemiker unserer Zeit und ein scharfer Kritiker des gegenwärtigen Wissenschaftsbetriebes: „Die Welt strotzt von Fachleuten, die nichts zustande bringen, aber das auf Tausenden von Druckseiten." [35] Spezialisten- und Expertentum sind aufgrund des fachspezifischen Blicks vor Scheuklappendenken nie gefeit. Mit Vorsicht zu genießen sind jene Menschen, die sich auf mehreren Feldern fachlich zuhause sowie zu Stellungnahmen berufen fühlen, ohne gründliches Wissen und tiefere Einblicke zu besitzen. Selbstverständlich müssen wir uns vor dem Fehler hüten, alle Experten und Expertinnen über einen Kamm zu scheren. Auch bei ihnen gibt es eine breite Streuung. Machen wir doch den Versuch, wenigstens drei augenfällige Typen oder Kategorien zu unterschieden:

Zunächst gibt es da jene, die ihre Expertisen gerne nach dem jeweiligen Zeitgeist ausrichten und dem Mainstream der öffentlichen wie veröffentlichten Meinung anhängen. Damit lässt sich recht gut leben. Dem Herdentrieb folgend, fallen solche Expertinnen oder Experten kaum unangenehm auf. Konformistisch mit dem Strom zu schwimmen, kostet wenig Kraft und bringt zudem reichliche Aufträge ein. Handelt es sich dabei doch um eine in unserer Gesellschaft offenbar weithin erwünschte Eigenschaft.

Dann sind da jene Leute, die ihre jeweiligen Erkenntnisse und Ausführungen mehr oder weniger geschickt und unverblümt den Wünschen ihrer Auftraggeber anpassen. Etwa nach

---

35 Chargaff, Erwin: Unbegreifliches Geheimnis. Wissenschaft als Kampf für und gegen die Natur. Stuttgart 1988, S. 67.

dem Motto: Die Hand, die einen füttert, beißt man nicht. So hält sich auch die Politik eine ausgesuchte Expertenschar. Vielleicht ist es kühn und vermessen, deswegen von „Staatsexperten" zu sprechen. Selbst unter jenen Personen, die ihr Fach wirklich verstehen, neigen manche zu Gefälligkeitslösungen. Sofern sie nämlich mit ihren Vorschlägen allzu sehr gegen die offizielle politische Linie verstoßen, werden sie kaum erneut beauftragt. Recht häufig finden sich hier aber Leute, die sich stärker durch (betriebs)wirtschaftliche Schläue als durch fundiertes bildungs- und erziehungswissenschaftliches Knowhow, also erforderliches Fachwissen, auszeichnen. Immerhin lässt sich auch damit Geld „verdienen".

Im Wort ver*dienen* steckt *dienen*. Manche Experten und Expertinnen verdienen ihren Lebensunterhalt, indem sie mit viel Einsatz einer wichtigen Sache dienen, andere eher durch taktisches An*dienen*. Diese Form des Dienens liegt im Trend, während ansonsten das Dienen nicht gerade Hochkonjunktur im gegenwärtigen Zeitgeist hat, was hier ohne zu moralisieren festgestellt sei.

Dass sich unter der bunten Expertenschar auch „Möchtegerne" und Scharlatane befinden, dürfte aufmerksamen Zeitgenossinnen wie Zeitgenossen nicht verborgen geblieben sein. Waren einige ja in den Medien, die sich in den letzten Jahren berufen fühlten, ihren Beitrag zur Bildungsdebatte zu liefern, gleichsam omnipräsent. Die Medienverantwortlichen sind aufgerufen, ihre diesbezügliche Auswahlstrategie oder Einladungspolitik ein wenig zu überdenken. Sofern man nämlich den Bildungs- und Informationsauftrag ernst nimmt, wäre die kritische Abwägung dabei zu kultivieren.

Und schließlich gibt es da noch jene Menschen, die allzu selten als die wirklichen Expertinnen und Experten im Schulsystem (an)erkannt werden: engagierte Lehrkräfte mit jahrzehntelanger Erfahrung sowie lang gediente SchulleiterInnen.

Aber auch jene Bildungs- und ErziehungswissenschaftlerInnen oder Schulentwicklungsfachleute, die sich nicht vereinnahmen lassen, sind hier zu nennen. Fairerweise ist einzugestehen, dass auch nicht alle Leitungs- und Lehrkräfte über das gleiche Maß an fachspezifischem und bildungsrelevantem Expertenwissen verfügen. Manchen fehlt die Bereitschaft, sich mit bildungspolitischen wie gesellschaftlichen Entwicklungen ernsthaft auseinanderzusetzen. Andere verfallen dem Tunnelblick auf die eigene Schule oder die eigenen Befindlichkeiten. Viele würden jedoch ihre Ideen, ihre Erfahrungen gerne in die Debatte einbringen. Da die Bereitschaft, sie anzuhören, vonseiten der Bildungsverantwortlichen äußerst gering ist, bleiben die Fachgespräche meist auf die Konferenzzimmer sowie den informellen Privatbereich beschränkt. Wenigstens die Schulaufsicht sollte hier eine Vermittler- oder Brückenfunktion zwischen in der Praxis stehenden Schulleuten und Politik einnehmen.

Der österreichisch-amerikanische Autor, Philosoph, Theologe und katholische Priester Ivan Illich kritisierte in den Siebzigerjahren des vorigen Jahrhunderts heftig den vorherrschenden Zeitgeist der westlichen Technologiegesellschaft. Er stellte die etablierten Institutionen infrage und zeigte die Entmündigung der Menschen durch das von der Politik geförderte Expertentum auf. Unter anderem plädierte er für eine völlige „Entschulung der Gesellschaft"[36], da durch Schulung allgemeine Bildung nicht erreichbar wäre. Schulen als Institutionen sollten abgeschafft und durch Bildungsgeflechte mit entschulten Einrichtungen zum Lernen, zur Teilhabe sowie zur Fürsorge ersetzt werden. Er strebte eine Vergesellschaftung der Lernmöglichkeiten und eine Rückholung des Lernens in alltägliche Lebens- und Arbeitszusammenhänge an. Dem lag seine Vision von der Heraufkunft eines Zeitalters der „Scholé"

---

36 Illich, Ivan: Die Entschulung der Gesellschaft. Eine Streitschrift. München 2003.

(griech. für Muße) anstelle einer von Dienstleistungsbetrieben beherrschten Wirtschaft zugrunde. Die Schule war für ihn nämlich sowohl Träger als auch Wegbereiter industrieller Machbarkeits-und Fortschrittsmythen.

Ob es der gegenwärtig praktizierten Bildungspolitik mit den von ihr beauftragten Experten und Expertinnen gelingen kann, unser öffentliches Schulsystem in eine bessere Zukunft zu retten, bleibt ungewiss. Noch liegt die Richtlinienkompetenz in den Händen der Politik. Wenn sie diese nicht wahrnimmt und wenn durch Schulung allgemeine Bildung tatsächlich nicht weiter leistbar ist oder überhaupt nicht mehr angestrebt wird, dann gewinnt die Kritik von Illich Substanz. Wollen wir die öffentliche Schule wirklich zur Disposition stellen? Oder sollten wir die Weichen nicht umgehend richtig stellen?

Das österreichische Bundesministerium für Unterricht, Kunst und Kultur (BMUKK) hielt es sogar für notwendig, ein eigenes aus dem Ministerium ausgelagertes Institut für Expertisen im Bildungssektor ins Leben zu rufen: das Bundesinstitut für Bildungsforschung, Innovation und Entwicklung des österreichischen Schulwesens (BIFIE). Mit dem BIFIE-Gesetz 2008 nahm es seine Arbeit auf. Die Ausgliederung aus dem BMUKK erfolgte vor allem mit dem Ziel, die Grundlagen für eine evidenzbasierte Bildungspolitik und systematische Schulentwicklung zu schaffen. Seine vier Kernaufgaben bestehen seither in angewandter Bildungsforschung, Bildungsmonitoring, Qualitätsentwicklung und regelmäßiger nationaler Bildungsberichterstattung. Nebenbei sei bemerkt, dass die Bundesleitung der Gewerkschaft der PflichtschullehrerInnen die Einrichtung des BIFIE mit der Begründung ablehnte, dass dessen Aufgaben in den Pädagogischen Hochschulen im Rahmen ihres Forschungsauftrages kostengünstiger angesiedelt wären. Die dadurch eingesparten Ressourcen könnten weit sinnvoller eingesetzt werden.

Der Rechnungshof überprüfte von September 2011 bis Februar 2012 das BIFIE und das BMUKK. In seinem Bericht kritisierte er unter anderem, dass die Ausgliederung des Instituts durch mangelhafte Zielvorgaben seitens des BMUKK gekennzeichnet war. Eine Effizienzsteigerung in der Projektabwicklung konnte der Rechnungshof nicht feststellen. Die finanziellen Zuwendungen des Ministeriums an das BIFIE überstiegen bei Weitem die ursprünglich veranschlagten Mittel. Insgesamt entstanden allein von 2008 bis 2010 Kosten in der Höhe von 34,71 Millionen Euro – vom in den Folgejahren entstandenen finanziellen Aufwand einmal abgesehen. Ferner stieg auch der Personalstand überproportional an. Die Anzahl der neu geschaffenen Stellen im BIFIE lag deutlich über jener der im BMUKK aufgelassenen Dienstposten. Trotz des überbordenden Personalaufwands kam es zu Säumigkeiten etwa in der Erstellung von eigenen Expertenberichten nach internationalen Vergleichsstudien. Von 2008 bis 2010 flossen 2,52 Millionen Euro in solche Studien. Für den Zeitraum von 2011 bis 2014 budgetierte das BIFIE dafür 5,19 Millionen Euro. Als eine Konsequenz der Überprüfung legte der Rechnungshof dem BMUKK im Zuge der verpflichtenden Evaluierung die Analyse nahe, ob die an das BIFIE übertragenen Aufgaben nicht selbst durch das Ministerium erledigt werden könnten. Weiters kritisierte er die Vergabe von bildungswissenschaftlichen Studien und pädagogischen Projekten – beispielsweise zur Neuen Mittelschule – an externe Auftragnehmer und empfahl dem BMUKK, künftig ausschließlich das BIFIE mit Studien und Projekten zu beauftragen, die in dessen Tätigkeitsfeld fallen. Und schließlich merkte der Rechnungshofbericht noch kritisch an, dass die Gebarungssicherheit im BIFIE wegen gravierender Kontrolllücken nicht gewährleistet war.[37]

---

37 Vgl. Bericht des Rechnungshofes: BIFIE 2012. 3. November 2012. Auf: http://www.rechnungshof.gv.at/
berichte/ansicht/detail/bundesinstitut-für-bildungsforschung-
innovation-und-entwicklung-des-österreichischen-schulwesens

Das BIFIE, geboren aus Reformeifer im Sog neoliberaler Marktgesinnung als Tummelplatz zahlreicher „Expertinnen" und „Experten", stellt sich als Fehlgeburt heraus. Für aufmerksame BeobachterInnen nachvollziehbar, spielte die parteiideologische Umfärbung von „Schwarz" auf „Rot" dabei keine unwesentliche Rolle. In den wenigen Jahren seines Bestehens machte das BIFIE mehrfach durch Pannen und interne Querelen auf sich aufmerksam. Den vorläufigen Höhepunkt an Dilettantismus setzte der sogenannte Datenleck-Skandal. Dabei sind etwa 400.000 streng vertraulich zu behandelnde Schülertestdaten im Rahmen der Informellen Kompetenzmessung (IKM) sowie an die 37.000 E-Mail-Adressen von Lehrpersonen im Dezember 2013 auf einem rumänischen Server für jedermann zugänglich aufgetaucht. Die lange Reaktionszeit und die Art der Schadensbegrenzung ließen sehr zu wünschen übrig. Die Generalprobe zur Zentralmatura war ebenfalls von mehreren Pannen begleitet. Und zudem kündigte Wien dem BIFIE die Zusammenarbeit auf, weil – wie die vormalige Stadtschulratspräsidentin Susanne Brandsteidl begründete – es Mängel in der Vorbereitung des Wiener Lesetests gegeben habe. Ferner wäre noch auf die Personalrochaden an der Spitze des Instituts hinzuweisen. Dass die erst im April 2013 neu bestellten Direktoren Martin Netzer und Christian Wiesner aufgrund ihrer Verantwortung für verschiedene Pannen bereits nach gut einem Amtsjahr wieder abgelöst wurden, vermag ob der geschilderten Zustände kaum mehr zu verwundern. Wie manche Printmedien berichteten, wurde ihnen der Abgang durch fünf Monatsgehälter Entschädigung bei einem Jahresgehalt von an die 130.000 Euro „versüßt". Also auch hier wieder: viel Geld im Winde verweht.

Manchen Beschäftigten mangelt es womöglich in ihren jeweiligen Funktionen oder Zuständigkeiten an echter Expertise, an fundiertem Fachwissen. Offensichtlich erweist sich das BIFIE auch in der Rekrutierungspraxis seiner MitarbeiterInnen bezüglich ihrer tatsächlichen Qualifikationen und Befähigungen nicht als sehr treffsicher. Vielleicht werden allzu oft Leute angestellt, die nicht wirklich „erprobt" – lateinisch „expertus" – sind. Zu erwähnen wäre noch, dass die Verantwortung für die nachzuholende Evaluierung der Neuen Mittelschule aus dem BIFIE ausgelagert und einem Konsortium von Bildungswissenschaftlern in Salzburg und Linz übertragen wurde. Zum Leiter der Evaluierungskommission wurde mit dem renommierten Salzburger Erziehungswissenschaftler und Schulforscher Ferdinand Eder ein Mann berufen, auf dessen Expertise in Bildungsfragen schon mehrere Verantwortliche im Unterrichtsressort vertraut haben. Wie viele von den eingebrachten Ratschlägen dann jeweils umgesetzt wurden, steht freilich auf einem anderen Blatt.

Die vormals amtierende Bildungsministerin Gabriele Heinisch-Hosek vertrat ungeachtet der leidigen Misere rund um das BIFIE die Meinung, dass sich Österreich ein eigenes Bildungsforschungsinstitut leisten sollte. – Wohlgemerkt, zusätzlich zu den diversen Universitäten sowie Pädagogischen Hochschulen, die ohnehin mit Bildungsforschung beauftragt sind. Welches Kalkül sie dazu bewegte, sei der Einschätzung der Lesenden überlassen. Zumindest ein neues BIFIE-Gesetz hatte die Ressortchefin in Aussicht gestellt, wohl in der Hoffnung, dass die Änderungen zu Verbesserungen führen würden.

In der Soziologie ist das Phänomen bekannt, dass eine soziale Bewegung, wenn sie erst einmal so richtig in Schwung gekommen ist, häufig keine Logik mehr kennt. Aber durch die ständige Wiederholung gerinnt der Mythos allmählich zur „Wahrheit", die allgemein übernommen und von niemandem mehr angezweifelt wird. Schließlich wird der Mythos als akzeptierte Wahrheit institutionalisiert. Für die in diesen Institutionen Beschäftigten ist der Mythos Basis ihres Einkommens. Unschwer nachvollziehbar besteht deren Legitimation letztlich in der Aufrechterhaltung und Fortschreibung dieses Mythos. Damit lassen sich analog wohl manche Entwicklungen im Bildungssystem – zuvorderst das ausufernde Expertenwesen oder die Gründung von Instituten wie die des BIFIE – leichter nachvollziehen. Auf unsere Nachsicht sollten sie nicht stoßen, da ihnen jegliche Vernunft gebricht. Gerade rund um Schule und Bildung sind neuerdings viele Mythen entstanden, die ungeprüft als Wahrheiten verkauft werden. Inwieweit die beschriebenen Gesetzmäßigkeiten den politisch Verantwortlichen sowie der Heerschar von Experten oder Expertinnen bewusst sind, wäre interessant zu eruieren. Vielleicht sollten wir vielen von ihnen – zumal den Handlangern in der zweiten und dritten Reihe – zugestehen oder zugutehalten, dass sie aus bestem Wissen handeln. Natürlich ist damit die Notwendigkeit, dass sie sich umfassend informieren müssten, nicht aus der Welt geschafft.

Das allseits geförderte und hochgelobte Expertentum bringt – wie wir gesehen haben – nicht nur Vorteile, sondern ebenso problematische Entwicklungen mit sich. Da ja heutzutage nahezu alles und jedes vermarktet wird, reüssieren beauftragte Expertinnen wie Experten nicht nur im staatlichen Bildungsgeschehen. In der Erziehung sind ihnen mittlerweile ebenso Tür und Tor geöffnet. Und gerade hier zeigt sich eine bedenkliche Entmündigung der Erziehenden durch die – bisweilen als segensreich angepriesene oder empfundene – Verfügbarkeit von Fachleuten und Ratgebern besonders krass. Auch wenn Eltern natürlich das Beste für ihren Nachwuchs wollen, treffen sie nicht immer die für ihre Kinder besten Entscheidungen. Das beginnt beim Erziehungsverhalten – so überhaupt eines vorliegt – und reicht manchmal hin bis zur Schulwahl. Erziehung ist fürwahr ein schwieriges Unterfangen, das uns mitunter überfordert. Das ist nicht zu verleugnen. Niemandem gelingt es, in allen Situationen und Problemlagen angemessen zu reagieren. Wir stoßen immer wieder an Grenzen, sind oft ratlos. Wer ist da nicht geneigt trotz des Erziehungsauftrages einfach aufzugeben. Vorwände oder Ausreden sind schnell gefunden. Die Verlockung, Erziehung sowie die Verantwortung dafür in die Hände von pädagogischen Experten, Expertinnen oder professionellen Erzieherinnen und Erziehern zu legen, ist gegenwärtig groß. Sie seien ja schließlich speziell dafür ausgebildet – so die für viele einleuchtende Argumentation zur Legitimation des eigenen Handelns, aber auch zur Beschwichtigung eines unguten Gefühls, das die eine oder den anderen dabei bisweilen befällt. Schließlich sind drei Existenziale spezifisch für den Menschen: Geistigkeit, Freiheit, Verantwortung. Wir dürfen sie nicht fliehen.

Und machen wir uns nichts vor: Grobe Versäumnisse oder Irrwege in der elterlichen Erziehung kann die Schule gewöhnlich nicht wettmachen, höchstens mildern. Wenn viele glückliche Umstände zusammenspielen, mag dieses Kunststück zwar hin und wieder gelingen, aber jedenfalls bleibt es eher die Ausnahme von der Regel. Was bislang völlig ignoriert wurde: Bildungsoffensiven und Reformen, ohne den notwendigen Elternbeitrag – nämlich Erziehung – einzufordern, drohen von vornherein ins Leere zu laufen, selbst wenn noch so kluge Expertinnen oder Experten zur Ausarbeitung von Vorschlägen sowie zur Erstellung von Konzepten herangezogen werden. Das sollten die Verantwortlichen in Politik und Gesellschaft endlich zur Kenntnis nehmen. Zwar steht die Lehrerpersönlichkeit als Fachkraft im Zentrum erfolgreichen pädagogischen Wirkens, aber eben unterstützt oder gehemmt durch die jeweiligen schulischen, bildungspolitischen und gesellschaftlichen Umweltfaktoren.

Heraus aus der Sackgasse!
Fundierte Ausbildung aller Schulleute

Die österreichischen Schülerinnen und Schüler werden derzeit von etwa 125.000 Lehrpersonen betreut. Ungefähr 75.000 davon unterstehen der Länderhoheit, die übrigen 50.000 sind beim Bund angestellt. Logischerweise wünschen sich Eltern bestens qualifizierte Pädagoginnen und Pädagogen in allen Schulformen. Dazu bedarf es gar nicht erst der Bildungsforschung, die gezeigt hat, dass es zwar viele Faktoren gibt, die Bildung beeinflussen, den größten Einfluss auf die Qualität der Bildung an sich aber die Qualifikation der Lehrerinnen und Lehrer hat. Allein daraus ergibt sich eine immense gesellschaftliche Relevanz der Pädagogenschaft.

Bis dato gab es hierzulande keine einheitliche Lehrerbildung, sondern mehrere Ausbildungsschienen, von denen jede ihre ganz spezifischen Unzulänglichkeiten respektive Defizite aufwies. Während beim Lehramtsstudium für Pflichtschulen (Hauptschulen, Neue Mittelschulen) und für Polytechnische Schulen das Fachstudium zu kurz griff, wurden bislang in der universitären Ausbildung von AHS- und BMHS-Lehrkräften die pädagogischen, methodisch-didaktischen Kompetenzen sowie die Unterrichtspraktika sträflich vernachlässigt. Darauf gilt es künftig mehr Augenmerk zu legen. In der Ausbildung unserer Vorschul- und Volksschulpädagoginnen wie -pädagogen sind ebenfalls noch Verbesserungen vorstellbar. Österreich ist neben der Slowakei der einzige OECD-Staat, in dem Kindergartenpädagoginnen und -pädagogen nicht akademisch ausgebildet werden. Dass hierfür primär Besoldungsgründe ausschlaggebend sind, wird gar nicht bestritten. Im Elementarpädagogikpaket ist überhaupt vorgesehen, die „Bundesanstalten für Kindergartenpädagogik" (BAKIPs) aufzulösen und in den BHS-Bereich überzuführen (Berufsbildende Höhere

Schulen für Elementarpädagogik). Erwartet man sich dadurch etwa eine Qualitätssteigerung in der Ausbildung? Angesichts der neuerdings erhobenen Forderungen nach Aufwertung der Elementarpädagogik scheint dies besonders unverständlich. Auch Sonderpädagogik sollte unbedingt als eigenständiger Ausbildungszweig erhalten bleiben; nicht zuletzt deshalb, weil auf diese Weise weiterhin speziell jene Personen erreicht werden können, die sich ganz bewusst und aus voller Überzeugung für diese fordernde Aufgabe entscheiden. Schließlich ist an unseren Berufsschulen der Rekrutierungs- sowie Qualifizierungsmodus des Lehrpersonals einmal kritisch auf dessen Zeitgemäßheit hin zu überprüfen.

Nicht nur bei den Lehrerinnen und Lehrern, sondern bei allen pädagogischen Professionen, liegt der Schlüssel in einer profunden Ausbildung auf hohem akademischem Niveau. Laut Ministerium soll mit der LehrerInnenbildung NEU die Qualität der Ausbildung gesteigert werden. Die Diplomstudien an den Universitäten werden auf das Bachelor-Master-System umgestellt, wodurch die Lehramtsausbildungen vereinheitlicht werden sollen. Das ist grundsätzlich zu begrüßen. Künftig müssen alle Lehramtsstudierenden unabhängig vom Schultyp sowohl an Universitäten wie an Pädagogischen Hochschulen ein vierjähriges Bachelorstudium absolvieren. Vor einer sich abzeichnenden Verschulung ist dabei zu warnen. Anschließend ist ein zwei- bis dreisemestriges Masterstudium vorgesehen, das Voraussetzung für eine fixe Anstellung sein soll.

Außerdem wird, was Sinn macht, eine stärkere Kooperation zwischen Universitäten und Pädagogischen Hochschulen sowie die Akademisierung der Letzteren angestrebt. Dass ab 2029 alle Lehrkräfte den Masterabschluss haben sollen, ist zweifellos der richtige Weg. Nur wäre ein früherer Zeitpunkt dafür wünschenswert. Auf das Studium wird anstelle des bisherigen Unterrichtspraktikums eine ein- bis zweijährige Berufseinführungsphase folgen, in der die JunglehrerInnen von geschulten Mentoren oder Mentorinnen betreut werden. Sofern diesen dafür ausreichend Zeitressourcen zur Verfügung stehen und die Begleitung nicht in eine Doppelbelastung ausartet, ein durchaus chancenreiches Konzept. Den Plänen des Ministeriums, wonach in diesem Zeitfenster das Masterstudium – wohl so nebenher – erledigt werden kann, ist eine klare Absage zu erteilen. Entsteht doch auf diese Weise unweigerlich der Eindruck, dass entweder die eine oder aber die andere Schiene nicht ernst genug genommen wird. Die Studienpläne für das Lehramt NEU wurden mit dem Wintersemester 2015/16 wirksam.

Zunächst wäre zu untersuchen, ob die LehrerbildnerInnen an den Pädagogischen Hochschulen und Universitäten am Puls der Zeit sind, ob sie für ihre enorm wichtige Aufgabe top qualifiziert sind. Vertraut man den Schilderungen von Studierenden an diversen Hochschulen, dann sind dort – zumindest was die transportierten Inhalte betrifft – in den letzten Jahrzehnten dringend notwendige Neuerungen schlicht verschlafen worden. So werden wichtige Themenfelder wie Teamarbeit, Teamteaching, Gruppendynamik, Konfliktmoderation, Erkennen von Defiziten oder Begabungen, Begabtenförderung und andere noch immer zu wenig berücksichtigt. Andererseits wird Lehramtsstudierenden an Hochschulen nach wie vor die Überzeugung eingetrichtert, dass Lehrkräfte ihre SchülerInnen motivieren könnten und nachgerade motivieren müssten. Vonseiten der Wissenschaft wird seit gut zwanzig Jahren darauf hingewiesen, dass dem nicht so sei. Man könne zwar demotivieren, aber nicht aktiv motivieren. Warum solche Befunde nicht zur Kenntnis genommen werden, bleibt rätselhaft. Die Auswahl- und Bestellungsverfahren für Lehrbeauftragte an Pädagogischen Hochschulen wären auf ihre Effizienz hin zu evaluieren. Die Auswirkungen des neuen Dienstrechts, das nicht auf ungeteilte Zustimmung stieß, sind längerfristig noch schwer abschätzbar.

Wenn schulische Veränderungen letztlich nur über veränderte Einstellungen und Verhaltensweisen der Pädagoginnen und Pädagogen umsetzbar sind, dann ist das durch eine Qualitätsoffensive in der Ausbildung zu gewährleisten. Wie wir wissen, verändern sich Einstellungen, Denk- und Verhaltensmuster nur ganz langsam. Auch Qualifizierungsmaßnahmen erfordern ihre Zeit bis sie wirksam werden. Wichtige Dimensionen, die eine Lehrerbildung aus meiner Sicht nicht außer Acht lassen darf, wären etwa: Erziehungs- und Unterrichtswissenschaft, bildungswissenschaftliche Psychologie (Schwerpunkte: Entwicklungs- sowie kognitive Psychologie unter Einbeziehung neuer Erkenntnisse der Gehirnforschung), soziologische Grundlagen und Gruppendynamik, ethische und religionspädagogische Grundlagen, Grundlagen der interkulturellen Pädagogik, der Sozialpädagogik sowie der Sonderpädagogik. Zumindest ein Modul Sonderpädagogik ist in der neuen Lehramtsausbildung für alle verpflichtend vorgesehen. Ob das angesichts der umfassenden Inklusionsbestrebungen reichen wird, ist zweifelhaft. Mehr Gewicht wäre jedenfalls auf Beziehungsdidaktik – Beziehungslernen und Beziehungsarbeit –, Teamarbeit, gewaltfreie Kommunikation, Konfliktmoderation, Leistungsbeurteilung, Erkennen von Defiziten und Begabungen, Inklusion, Begabtenförderung, Qualitätsentwicklung, Qualitätssicherung und Aktionsforschung zu legen. Auch Selbsterfahrungsgruppen sowie Supervision sollten Platz finden. Außerdem könnte auch eine Einführung ins Schulrecht nicht schaden.

Schon allein ob der nötigen Breite und Vielfalt des Curriculums erfordert ein fundiertes Studium genügend Zeit. Die akademische Ausbildung aller LehrerInnen – ungeachtet des

Schultyps – sollte zehn bis zwölf Semester umfassen. Die ersten vier Semester sollten vorwiegend der pädagogischen, der humanwissenschaftlichen und didaktischen Bildung vorbehalten sein, einerlei für welche Schulform sich die Studierenden anschließend entscheiden. Parallel dazu ist auch bereits mit dem Fachstudium zu beginnen. Erste Unterrichtserfahrungen sind möglichst früh vorzusehen – nicht zuletzt, um den Studierenden die Gelegenheit zu geben, ihr Geschick im Kontakt mit Schülerinnen und Schülern in der Praxis zu erproben, ihre Eignung zu hinterfragen sowie daraus rechtzeitig die richtigen Schlüsse zu ziehen. Die Gewichtung der pädagogisch-didaktisch-humanwissenschaftlichen Bildung hätte im weiteren Verlauf des Studiums den Aufgabenzuschreibungen gemäß zu erfolgen. Dabei wird nach Schultypen zu differenzieren sein. Die weiteren Studien sollten in erster Linie einer profunden fachlichen Bildung dienen. Für Studierende, die sich für das Lehramt an weiterführenden höheren Schulen qualifizieren wollen, erscheint es vernünftig, schon nach drei oder vier Semestern in das vertiefte Fachstudium voll einzusteigen. Der Unterrichtspraxis und der Fachdidaktik ist stets ein hoher Stellenwert einzuräumen. Niederschwelliger sollte man keinesfalls ansetzen.

Anstatt zwei voneinander unabhängige Fächer zu studieren – wie es bislang möglich ist –, wäre das Studium verwandter Fächer wahrscheinlich zielführender. Dabei sind verschiedene Varianten denkbar: beispielsweise eine Bündelung in mathematisch-technischen, naturwissenschaftlichen, sprachlich-literarischen, geografisch-historisch-politischen, musisch-kreativen, motorisch-sportlichen und philosophisch-ethisch-religiösen Bereich. Ein Vorschlag aus einer Palette möglicher Konstruktionen. Zu der befürchteten Verwässerung in der Qualität der Ausbildung dürfen solche Fächerkombinationen natürlich nicht führen. So bleibt noch zu prüfen, ob die Rollen und Aufgaben der Pädagogischen Hochschulen wie der Universitäten in der Lehramtsausbildung, in der Fort- und Weiterbildung sowie in der bildungswissenschaftlichen Forschung zweckmäßig akkordiert sind.

Bildungsinstitutionen brauchen heute mehr denn je professionelle Führung, da effektive und effiziente Führung eine Grundbedingung für qualitätsvolle Arbeit in Bildungseinrichtungen ist. In der Fachliteratur besteht weitgehend Einigkeit darüber, dass ein starker Zusammenhang besteht zwischen der Art, wie eine Schule geführt wird und dem Schulklima sowie den Leistungen der SchülerInnen. Professionelle Schulleitungen sind somit eine Bedingungsvoraussetzung für erfolgreiche Schulen. Bedauerlicherweise ist eine systematische Ausbildung für die Funktion der Schulleitung vor Amtsantritt in Österreich noch nicht einmal angedacht, geschweige denn selbstverständlich. Da Führungskräfte jedoch nicht vom Himmel fallen, kommt dem Qualifizierungsmodus ein bedeutender Stellenwert zu. Hierzulande gibt es bislang überhaupt keine adäquate Vorbereitung oder vorgelagerte Ausbildung für dieses wichtige sowie zunehmend schwieriger werdende Amt. Auf die neuen Aufgaben und Rollen, etwa in der Forcierung und Unterstützung von Organisations-, Unterrichts- und Personalentwicklung oder in der Qualitätssicherung, sind angehende SchulleiterInnen in aller Regel weder eingestellt noch vorbereitet.

International herrscht mittlerweile Konsens darüber, dass Schulleitungen mit hoch qualifiziertem und ausreichendem Personal ausgestattet werden müssen, wenn die Qualität des Bildungssystems gesteigert werden soll. Als ein wichtiges Professionalisierungskriterium wird vielerorts Hochschulausbildung angestrebt. In vielen Ländern ist man sich zunehmend bewusst, dass sich die Zuständigkeiten und Aufgabenfelder von Lehrpersonen und schulischen Leitungskräften deutlich unterscheiden. Daher geht man dort davon aus, dass Schulleitung für ehemalige Lehrer wie Lehrerinnen einen neuen Beruf mit entsprechendem Qualifizierungsbedarf darstellt und trägt dieser Einsicht Rechnung.

Basierend auf der weit verbreiteten Überzeugung, dass Führung lernbar ist, boomen gegenwärtig, ausgehend von der Ökonomie, Programme, Trainings, Beratungsangebote, die das Lernen von Leitungspersonal – meist für bare Münze – ermöglichen und stimulieren wollen. Wohl nicht zuletzt inspiriert vom Management in der Wirtschaft wurde vom österreichischen Unterrichtsministerium unter der Ressortchefin Elisabeth Gehrer im Jahr 2004 die „Leadership Academy" zur Professionalisierung von Führungskräften im Bildungssektor ins Leben gerufen. Neben schulischem Leitungspersonal steht sie auch Leuten der Schulaufsicht und der Schuladministration offen. Für SchulleiterInnen erfolgt der Zugang zu den Lehrgängen – sprich Generationen – ausschließlich über die Landesschulräte. Sie müssen den Schulmanagementkurs absolviert haben und drei Jahre im Amt sein. Neben dem Datum der Anmeldung spielen, wie manche befragte Leitungskräfte offen zugeben, wohl auch die richtigen Beziehungen eine gewisse Rolle. So gab es in den vergangenen Jahren zumindest in Kärnten belegbare Fälle, wo Personen in die „Leadership Academy" entsandt wurden, ohne all die genannten Voraussetzungen zu erfüllen.

Aufhorchen lassen haben im Fortbildungskontext die Evaluationsforschungen zur seminaristischen beruflich-betrieblichen Weiterbildung von Erich Staudt und Bernd Kriegesmann. Demnach scheinen die Trainings personaler und sozialer Kompetenzen wenig effektiv zu sein. Weiterbildung bringe – so die Autoren – gerade in Bereichen wie Führungstrainings wenig. In ihren Untersuchungen wird zudem deutlich, dass neben der Wissensvermittlung durch Weiterbildung noch andere

Faktoren wirksam sein müssten, welche die Kompetenz bestimmen. Die Bedeutung impliziten Wissens werde gegenüber explizitem Wissen zumeist unterschätzt. Implizites Wissen sei aber als Voraussetzung dafür notwendig, explizites Wissen auf reale Anwendungssituationen zu transferieren und darin fruchtbar zu machen. Solch implizites Wissen werde vor allem im Tagesgeschäft durch Erfahrung aufgebaut. Aus konstruktivistischer Sicht wird implizites Wissen in erster Linie durch selbst gesteuerte Lernvorgänge erworben. Laut den Autoren sei die traditionelle Weiterbildung zwar meist hoch professionalisiert auf den gut beeinflussbaren Sektor des expliziten Wissens ausgerichtet; dieser mache aber nur 20 Prozent der individuellen Handlungsfähigkeit aus.[38] Zu ähnlichen Ergebnissen gelangt Ulrich Wiethaup. Laut ihm ist davon auszugehen, dass etwa 80 Prozent dessen, was eine Führungskraft beherrschen müsse, durch effektive Personalauswahl zu gewährleisten sei. Nur circa 20 Prozent könnten durch Personalentwicklungsmaßnahmen wie Fort- und Weiterbildung gesichert werden.[39] Solche Befunde belegen, dass eine fundierte Ausbildung gerade auch für schulisches Leitungspersonal unverzichtbar ist. Darüber hinaus werden Führungskräfte dazu angehalten, eigenverantwortlich für implizites Wissen durch selbst gesteuerte Lernprozesse zu sorgen. Die österreichische Bildungspolitik ist aufgerufen, solche Erkenntnisse endlich in die eigenen Überlegungen und Maßnahmen einfließen zu lassen sowie sich diesbezüglich ruhig an erfolgreicheren Bildungssystemen zu orientieren.

Während es in anderen Ländern – etwa in Holland, in den angloamerikanischen oder den skandinavischen Staaten – bereits seit längerer Zeit eigene Ausbildungswege zur Professionalisierung von schulischem Führungspersonal gibt, setzt man

---

38 Vgl. Staudt, Erich/Kriegesmann, Bernd: Weiterbildung – Ein Mythos zerbricht. Münster 1999, insbesondere S. 23, S. 34 und S. 52.
39 Vgl. Wiethaup, Ulrich: Führungskräfte fallen nicht vom Himmel. Berlin/Stuttgart 2000, S. 4.

in Österreich nach wie vor auf Modelle der berufsbegleitenden Weiterbildung (Schulmanagement-Lehrgänge) durch die Pädagogischen Hochschulen nach der Bestellung von Schulleiterinnen und Schulleitern. Wie von Betroffenen manchmal kritisiert wird, setzen diese mitunter zu spät ein, anstatt sofort mit Beginn ihrer Leitungstätigkeit. Sicher wäre es von Vorteil, wenn es künftig mehrere Anbieter für die Weiterbildung von Leitungskräften und Schulaufsicht geben würde, da ein gewisser Wettbewerb die professionelle Qualität der Angebote noch erhöhen könnte. Im Fortbildungskontext hat wohl auch die „Leadership Academy" – trotz der hohen Kosten – ihre Berechtigung, zumal sie neben Leitungspersonal Leute der Schulaufsicht und der Schuladministration erreicht. Ein vernünftiger Ansatz dieser Konzeption ist übrigens die regionale wie bundesweite Vernetzung der Absolventinnen und Absolventen.

Um eine vorbereitende qualitätsvolle Ausbildung auf akademischem Niveau werden wir aber auch hierzulande nicht herumkommen. Gerade Personen, die in der Schulleitung oder in der Schulaufsicht große Verantwortung tragen, können diesbezüglich nicht weiterhin außen vor gelassen werden. Es wäre längst an der Zeit, auch im österreichischen Bildungssystem sicherzustellen, dass nur mehr bestens ausgebildete Menschen in Führungsfunktionen gelangten, nicht vorwiegend loyale oder protegierte ParteigängerInnen. In den USA wurden etwa an zahlreichen Universitäten eigene Studiengänge in „Educational Management" und „Educational Leadership" für die gezielte Ausbildung von pädagogischen Führungskräften institutionalisiert. In vielen Bundesstaaten ist ein mindestens einjähriges Zusatzstudium sowie ein Master's Degree Voraussetzung, um mit einer Leitungsstelle in der „School Administration" betraut zu werden.[40]

---

40 Wer an weiterführenden Informationen interessiert ist, sei auf meine Dissertation (a. a. O. 2009) verwiesen.

Wir brauchen in Österreich nicht nur eine Offensive in der Lehrerbildung, sondern in der Qualifizierung aller pädagogischen Berufe. Im Zuge des Autonomiepakets, das den Schulen mehr pädagogische, organisatorische, personelle und finanzielle Freiräume eröffnen soll, geraten auch die Schulleitungen endlich wieder stärker ins Blickfeld. Unter anderem können sie sich künftig ihre Lehrkräfte im Einvernehmen mit der Schulbehörde aussuchen und eigenständig über Gruppengrößen entscheiden. Aufgrund ihrer hohen Verantwortung sollen Leitende – wieder einmal – nach einheitlichen und transparenten Kriterien ausgewählt werden. Ein echtes Déjà-vu für unsereins (siehe S. 22f.). Außerdem müssten sie mehr Wissen und Ausbildung als bisher mitbringen. Nur wie das generiert werden soll, bleibt vorerst nebulos. Meine Vorschläge liegen auf dem Tisch. Man braucht sie nur aufzugreifen. Es ist höchste Zeit, Nägel mit Köpfen zu machen. Da Bildung als gesamtgesellschaftliche Aufgabe zu betrachten ist, wäre das Geld, das die öffentliche Hand für die bestmögliche Ausbildung aller Schulleute ausgibt, zweifellos sinnvoll angelegt. Überhaupt ist festzuhalten, dass sich vernünftige, zielsichere Investitionen in die Bildung durch eine hohe Wertschöpfung für die Gesellschaft immer amortisieren.

Menschenbild – Menschenbildung

Die Abklärung des Menschenbildes ist in der Pädagogik wie für die Bildung zentral. Von unserem Menschenbild hängt es nämlich ab, wie wir uns selbst, unsere Mitmenschen und letztlich die Welt sehen. So macht es einen erheblichen Unterschied, ob wir Menschen als bedürftige Mängelwesen oder aber als vernunftbegabte, schöpferische, differenzierte Wesen betrachten. Gerade als Lehrende und Erziehende müssen wir unser Bild vom Menschen immer wieder hinterfragen. Sehen wir den Menschen pietistisch verengt als prädeterminiertes Geschöpf oder besitzt er die Möglichkeit zur Selbstbestimmung in Freiheit und Eigenverantwortung? Hängen wir eher einer pessimistischen Defizittheorie oder einer optimistischen Ressourcentheorie an? Ein klares, realistisches Bild vom Menschen an sich als auch von Kindern und Jugendlichen im Besonderen ist als Basis für vernünftiges pädagogisches Wirken unverzichtbar. Wie die Erfahrung gezeigt hat, wird weder ein zu nachsichtiges, niederschwelliges Verständnis noch ein zu abgehobenes, verklärtes, idealisiertes Bild Schülern und Schülerinnen im Kindes- oder Teenageralter gerecht.

An der Bildungs- und Gesellschaftspolitik lässt sich jeweils ablesen, welches Menschenbild ihr zugrunde gelegt ist und welches forciert wird. Pädagoginnen wie Pädagogen sind angehalten, aufmerksam und kritisch zu verfolgen, welche gesellschaftlichen Gruppierungen jeweils an einem bestimmten Menschen- und Weltbild Interesse haben. Sofern sie dem gerecht werden, wird ihnen nicht entgangen sein, dass einflussreiche Kreise aus Wirtschaft und Gesellschaft seit geraumer Zeit versuchen, ein vorwiegend an Effizienz sowie Profit orientiertes Menschenbild zu etablieren. Der „Homo oeconomicus", der dem „Deus oeconomicus" huldigt, wird vielfach beschworen. Ziel ist der markttaugliche und marktdienliche

Mensch, der sich mit Haut und Haaren dem neuen Götzen Markt unterwirft. Was für eine Verarmung. Was für eine Degradierung der „Conditio humana". Was für ein Affront gegen eine ganzheitliche Menschenbildung.

Hinter der gegenwärtigen Bildungspolitik zeichnet sich für den kritischen Querdenker Liessmann[41] nicht einmal ein diffuser Bildungsbegriff ab, geschweige denn ein gesellschaftspolitisches Konzept von Bildung. Alle relevanten, auch in der Öffentlichkeit heftig diskutierten bildungspolitischen Entscheidungen der letzten Jahre seien durch einen schlechten Listenplatz bei diversen Rankings – allen voran PISA – motiviert oder basierten auf dem Bemühen, einen besseren Rangplatz zu erreichen. Bildung verkomme zu reinem „Bildungsmanagement". Das wichtigste, wenn nicht sogar einzige, Bildungsziel scheine heute zu sein: PISA erfolgreich bestehen! Wo aber, so fragt der Autor, blieben dabei die Bildungsziele der Aufklärung – persönliche Autonomie, Selbstbewusstsein und die geistige Durchdringung der Welt? Wo die Bildungsziele der Reformpädagogen – Freude am Lernen, Lebensnähe und soziale Kompetenz? Selbst die Bildungsziele neoliberaler Schulpolitik – Beschäftigungsfähigkeit, Flexibilität und Mobilität – treten scheinbar hinter das Primat der Rangliste zurück. Die Verantwortlichen in Politik und Wirtschaft wären gut beraten, sich mit den Argumenten des Philosophen ernsthaft auseinanderzusetzen und die richtigen Lehren daraus zu ziehen. Schließlich ist Konrad Paul Liessmann einer der profundesten Kenner des gegenwärtigen Zustandes von Bildung und Wissenschaft. Daraus erwächst seine profilierte Kritik.

Wenn wir die Notwendigkeit von Bildung anerkennen, muss sich jede Gesellschaft der Anstrengung unterziehen, zu klären, was sie unter Bildung versteht. – Auch wenn es in

---

41 Vgl. Liessmann, Konrad Paul: a. a. O. 2006, S. 74f.

offenen, pluralistischen Gesellschaften durchaus schwerfällt, einen einheitlichen Bildungsbegriff zu entwickeln. Schulen wie auch andere Bildungsinstitutionen, die Bildung vermitteln sollen, müssen wissen, was genau ihr Auftrag ist. Uns muss bewusst sein, dass Bildungskonzeptionen stark vom vorherrschenden Menschenbild sowie von Wertsystemen, wissenschaftlichen Paradigmen, erkenntnistheoretischen Ansätzen, politisch-ökonomischen Programmen, Ideologien und dergleichen mitgeprägt werden. Ob man etwa einem pädagogischen Pessimismus, einem pädagogischen Optimismus im Sinne von John Locke oder aber einem verantwortlichen pädagogischen Realismus Priorität einräumt, hat entscheidende Implikationen auf alle bildungsrelevanten Fragen. Wie auch immer Bildung definiert wird, gilt wohl: „Erziehung, Schule, Bildung (...) sind stets an raumzeitliche Bedingungen geknüpft, müssen immer neu gewagt, anders realisiert, von Grund auf kritisiert und – folglich stets neu erforscht, erzählt, tradiert werden."[42]

Naturgemäß werden die eigenen Bilder, die man im Kopf hat, gewöhnlich für die richtigen Vorstellungen oder Sichtweisen gehalten. Divergierende Bilder können auch im Schulleben leicht zu Konflikten führen, wenn die gegenseitigen Erwartungen unvermittelt aufeinanderprallen. Da sich unser Handeln häufig unbewusst an solchen Bildern orientiert, ist es sinnvoll, ja notwendig, derartige Bilder bewusst zu machen und die jeweiligen Vorstellungen offenzulegen. Erst wenn es einem Lehrkörper in Zusammenarbeit mit der Schulleitung gelingt, ein gemeinsam geteiltes Leitbild von Schule zu entwickeln, werden Erwartungen und Handlungen einigermaßen kalkulierbar.

Von Menschenbildern zu sprechen, verlangt auch den Hinweis auf die Differenz von Selbst- und Fremdbildern. Das

---

42 Winkel, Rainer (Hrsg.): Pädagogische Epochen. Düsseldorf 1988, S. 10.

Selbstkonzept oder Selbstbild ist laut Horst Siebert[43] lebens-geschichtlich verankert, aber auch kontextabhängig. Unser Selbstverständnis ist das Ergebnis von Selbst- und Fremd-wahrnehmungen, von Differenzerfahrungen, von Emotionen und Kognitionen, von Wissen und Fähigkeiten sowie von Aktionen und Reflexionen. Unser Selbst wird – aus der Sicht des Konstruktivismus – im Laufe des Lebens fortlaufend kon-struiert, rekonstruiert sowie unter bestimmten Umständen auch dekonstruiert. Das Selbstkonzept ist nicht zu trennen von einer Selbstrepräsentation, gewissermaßen einer Inszenie-rung des Selbst. So spiegelt sich das Selbstbild im Denken und Sprechen, aber auch im Verhalten, im Habitus. Der Habitus umfasst dabei einerseits Haltung als die Gesamtheit der Ein-stellungen und Überzeugungen sowie andererseits Haltung als körperliche Ausdrucksform und Selbstdarstellung – etwa Aussehen, Outfit, Erscheinungsbild.

Was Schulleitung und Lehrkörper anbelangt, so ist nicht zu übersehen, dass alle von Schule betroffenen und an Schule beteiligten Personen ihre ganz individuellen Fremdbilder von Leitenden wie Lehrenden entwickeln, die gewöhnlich mit deren Selbstbildern mehr oder weniger stark kollidieren. Mehrdeutigkeiten, divergierende Einschätzungen sowie viel-fältige Wahrnehmungs- und Deutungsmuster im pädagogi-schen Feld auszuhalten, fällt nicht leicht, da das Selbstbild, das Selbstverständnis, dadurch jedenfalls berührt, mitunter geradezu erschüttert wird.

Aber auch innerhalb des pädagogischen Personals – Lehr-kräfte, Schulleitungen, Schulaufsicht – bestehen beträchtliche Unterschiede zwischen den jeweiligen Selbst- und Fremd-bildern, was ich in einer empirische Untersuchung an allen Kärntner Hauptschulen nachweisen konnte. Dabei hat sich

---

43 Vgl. Siebert, Horst: Vernetztes Lernen. Systemisch-konstruktivistische Methoden der Bildungsarbeit. München/Unterschleißheim 2003, S. 170f.

etwa gezeigt, dass die meisten abgefragten Dimensionen des Berufsbildes „Schulleitung" von Lehr-und Schulaufsichtspersonen recht unterschiedlich bewertet werden. Zudem sind sie kaum deckungsgleich mit der Einschätzung vonseiten der Leitenden, was nicht wirklich verwundert. Aufschlussreich ist vielmehr der Grad der jeweiligen Abweichungen. Die größten, statistisch signifikanten Differenzen in der Beurteilung ergeben sich bei der Entlohnung, der Art der Schulleiterbestellung, dem Dienstrecht, der Arbeitsbelastung sowie bei der Freizeit. Die stärkste Annäherung ist in der Einschätzung der Bewältigbarkeit der zahlreichen Aufgaben von Leitungskräften festzustellen. Daraus ist klar ersichtlich, dass es kein einheitliches Bild von Schulleitung gibt. Das Berufsbild wird in wesentlichen Kriterien oder Aspekten von Leitungskräften sowie von Lehr- und Schulaufsichtspersonen signifikant unterschiedlich aufgefasst.

Des Weiteren wurde auch die Einschätzung der Zeitgemäßheit des Dienstrechts, der Entlohnung sowie der Ausbildung des Leitungs-, Lehr- und Schulaufsichtspersonals durch die drei Funktionsgruppen erhoben. Die Befragten wurden gebeten, auf einer Skala von 1 (sehr zeitgemäß) bis 5 (nicht zeitgemäß) das Dienstrecht, die Entlohnung sowie die Ausbildung von schulischem Leitungspersonal, von Lehrkräften und von Schulaufsichtspersonen zu beurteilen. Bei acht (!) von neun Items sind signifikante Unterschiede zwischen den Funktionsgruppen erkennbar. Leitungskräfte beurteilen ihr eigenes Dienstrecht, ebenso wie ihre Entlohnung selbst in höchst signifikanter Weise als weniger zeitgemäß als deren Dienstrecht und Entlohnung von der Schulaufsicht und vom Lehrpersonal eingeschätzt werden. Andererseits beurteilen die SchulleiterInnen ihre Ausbildung als signifikant zeitgemäßer als dies die beiden anderen Funktionsgruppen (zumal die LehrerInnen) tun. Die Leitenden sowie besonders die

Schulaufsicht wiederum erachten sowohl das Dienstrecht als auch die Ausbildung von Lehrkräften hoch signifikant als weniger zeitgemäß als diese selbst. Das Dienstrecht und die Ausbildung von Schulaufsichtspersonen schließlich werden von diesen selbst in signifikanter Weise als zeitgemäßer eingestuft als von Leitungs- und Lehrkräften.[44]

Dieser kleine Ausschnitt aus meiner empirischen Untersuchung in Kärnten ist also recht aufschlussreich in Bezug auf Selbst- und Fremdbilder, Selbst- und Fremdeinschätzungen der Handelnden im schulischen Gefüge. So hat sich in der quantitativen Erhebung herausgestellt, dass die spezifischen Sichtweisen der drei Funktionsgruppen beträchtlich voneinander abweichen, was auch in den qualitativen Interviews Bestätigung fand. Die eigene Nabelschau scheint bei allen Gruppen ein anderes Selbstbild oder Selbstverständnis zu zeitigen. Die Fremdbilder und Fremdeinschätzungen der beiden Bezugsgruppen stehen dazu jeweils in einer unübersehbaren, teils signifikanten Diskrepanz. Die Schlussfolgerung, dass dies in anderen Schulformen und Bundesländern nicht gänzlich unterschiedlich sein dürfte, mag zulässig sein. Deshalb gilt es für diesen Sachverhalt bei allen Funktionsgruppen – Schulaufsicht, Schulleitung, Lehrpersonal – das Bewusstsein zu schärfen, um (negative) Projektionen zu vermeiden und reflexiv in einer systemischen Gesamtschau die eigenen Sichtweisen, vorgefassten Meinungen oder Vorurteile zu überprüfen. Auf diese Weise entstehen realistischere Bilder.

Bei der Rekrutierung, Auswahl und Bestellung von Führungspersonal wird dem Bild, das Entscheidungsträger in ihrer Vorstellung etwa von Schulleitung oder Schulaufsicht haben, natürlich eine erhebliche Bedeutung zukommen. Solche Bilder sind allemal subjektiv gefärbt, individuell auslegbar

---

44 Für detailliertere Informationen und Interpretationen sei auf meine Dissertation (a. a. O. 2009) verwiesen.

und interpretierbar. Der zu Recht erhobene Anspruch auf „Objektivität" ist auf dieser Folie realistisch einzuschätzen; aufgegeben darf er in Hinblick auf mehr Transparenz, Nachvollziehbarkeit sowie Leistungsgerechtheit aber keineswegs werden.

Im Führungsstil von „Vorgesetzten" wird ebenfalls sichtbar, welches Menschenbild sie verinnerlicht haben. Bedauerlicherweise erweisen sich im Schulwesen nach wie vor nicht alle Vorgesetzten als Führungspersönlichkeiten. Immer noch neigen manche dazu, ihren Mitarbeiterinnen und Mitarbeitern mit Misstrauen zu begegnen. Daher bleiben sie dem Prinzip des Anordnens und Kontrollierens verhaftet. Die alte Erkenntnis „Wer Misstrauen sät, wird Misstrauen ernten" bewahrheitet sich in einer solchen Führungs(un)kultur auf längere Sicht fast zwangsläufig. Gefragt sind heute Führungsprinzipien wie Vertrauen, Einfluss nehmen, Überzeugen, Einbinden, Beteiligen. Dass richtig verstandene Partizipation allerdings auf Führung angewiesen ist, darf nicht übersehen werden. Wie viel Beteiligung möglich, wünschenswert und notwendig ist, ergibt sich aus der jeweiligen Situation. Aufgrund der Befunde ihrer empirischen Untersuchungen zum Schulleitungshandeln kommen Martin Bonsen et altera[45] zum bemerkenswerten Schluss, dass sowohl zu viel als auch zu wenig Partizipation ineffektiv sei. Laut Reinhard K. Sprenger[46] – Querdenker sowie der wohl profilierteste Managementberater und Führungsexperte Deutschlands – wird authentische Führung nicht zur „Ver-Führung" durch allerlei Motivierungstechniken oder Anreizsysteme verkommen, die allesamt manipulativ sind und mittel- bis langfristig demotivieren, da sie letztlich an der Eigenmotivation und Leistungsbereitschaft der

---

45 Vgl. Bonsen, Martin et al.: Die Wirksamkeit von Schulleitung. Empirische Annäherungen an ein Gesamtmodell schulischen Leitungshandelns. Weinheim/München 2002, S. 143.
46 Vgl. Sprenger, Reinhard K.: Mythos Motivation. Wege aus einer Sackgasse. Frankfurt am Main 2007, S. 12.

Mitarbeitenden – um nicht von Untergebenen zu sprechen – zweifeln. Das Modell „Vorgesetzter" ist für ihn schlechthin die Initiation in die Dummheit als Normalzustand. Und den Führungskräften schreibt er ins Stammbuch, dass sie nicht von vornherein Führungskompetenz haben, sondern sie werde ihnen gegeben. Die einzige Führungsautorität, die wirklich zähle, sei jene, die von den Geführten freiwillig und ganz bewusst eingeräumt werde.[47]

Wie aufmerksam Lesenden sicher nicht entgeht, wird mit diesem Buch einer umfassenden Persönlichkeitsbildung, der Entfaltung aller menschlichen Dimensionen, das Wort geredet. Im Zuge der „Humankapitaltheorie" wird Bildung – und mithin das Menschenbild – ökonomisiert, indem sie weitgehend auf die Aneignung von wirtschaftlich verwertbaren Fähigkeiten und Kompetenzen reduziert wird. „Employability", also Beschäftigungsfähigkeit, wird gleichsam zur Doktrin erhoben. Die „Human Resources" müssen für Markt und Wettbewerb mobilisiert und ausgeschöpft werden. Was keinen unmittelbaren Nutzen oder Informationswert bringt, wird gering geachtet. Ästhetische Bildung führt ein Schattendasein. Die Humboldt'schen Bildungsideale sind dem Zeitgeist ein Dorn im Auge. Klassische Bildung scheint ihm überholt. Das Bild von dem, was zu Bildung gehört und was einen Menschen ausmacht, scheint einem radikalen Wandel zu unterliegen. Der bekannte deutsche Pädagoge Hartmut von Hentig[48], der zeitlebens für eine Bildung in weltbürgerlicher Absicht plädiert, beklagt, dass aus Bildung Nachwuchsverwaltung geworden sei. Nach wie vor bemühten sich viele Schulleute zwar, die ihnen anvertrauten jungen Menschen durch Bildung zum Subjekt ihrer Handlungen und zum Herrn oder zur Frau

---

47 Vgl. Sprenger, Reinhard K.: Das Prinzip Selbstverantwortung. Wege zur Motivation. Frankfurt am Main 2007, S. 156ff.
48 Vgl. Hentig, Hartmut von: Bildung. Ein Essay. Weinheim/Basel 2004, S. 56 sowie S. 163f.

über die jeweiligen Verhältnisse zu machen – etwa über die Medien, die Spezialisierung, die Komplexität und dergleichen mehr. Der gesellschaftliche Auftrag, Ausbildungs-, Erwerbs- sowie soziale Aufstiegschancen zu verteilen, stünde diesem Bemühen jedoch entgegen. Hentig fordert, dass Schule wieder pädagogisch werden müsse, um ihren Bildungsauftrag im umfassenden Sinne des Wortes erfüllen zu können. Wenn Bildung nicht neu gedacht werde – so warnt er –, gebe es bald keine Schule im herkömmlichen Verständnis mehr, sondern sie verkomme einerseits zu einem sozialpädagogischen Heim und zu einer Berufsvorbereitungsanstalt andererseits.

Solange speziell durch die Matura bestimmte Bildungszugänge und soziale Aufstiegschancen eröffnet werden, braucht es nicht zu verwundern, dass dieser Abschluss mehr denn je als der Königsweg und das Maß aller Dinge in der Schullaufbahn erachtet wird. So gibt es mittlerweile zusätzliche Optionen, die zu diesem hehren Ziel führen sollen: etwa die B-Matura (Beamtenmatura), die Abendmatura, die Fernmatura via Internet oder die Lehre mit Matura. Dabei kann heute jedes Studium auch ohne Matura absolviert werden, sofern man die Zulassungsprüfung besteht. Die Erfahrung zeigt ohnehin, dass es nach wie vor Menschen gibt, die mitunter klüger, reifer und lebenstauglicher sind als solche, welche die Matura – also die sogenannte Reifeprüfung – abgelegt haben. Es ist an der Zeit, Gesellen- und Meisterprüfungen sowie vergleichbaren Abschlüssen wieder einen höheren Stellenwert einzuräumen, ihnen die gebührende Anerkennung zu zollen. Ansonsten wird das Menschenbild unzulässig verkürzt und verengt.

Polemisch könnte man fragen: Ist Einbildung auch eine Form von Bildung? Mitunter scheint die Devise nämlich zu lauten: Einbildung ist immer noch besser als gar keine Bildung. Zumal wo es an Bildung mangelt, springt häufig die Einbildung in die Bresche. Damit ist keineswegs gesagt, dass diese Befindlichkeit nicht bei gebildeten Menschen ebenfalls vorkommt. Aber Einbildung gepaart mit oberflächlicher Halbbildung oder weitgehender Unbildung karikiert sich unvermeidlich selbst. In einer Welt, die immer stärker vom Schein, von Illusionen, von Inszenierungen geprägt ist, droht Einbildung die weit verbreitetste Form von Bildung zu werden.

So mich die Erinnerung nicht trügt, war es kein Geringerer als Friedrich Hebbel, der einst die Achtung vor dem Menschenbild eingefordert hat. Neuerdings ist es wieder nötig, daran zu erinnern. Ebenso ist die Wertschätzung von Bildung deutlich einzumahnen. Der hohe Stellenwert von Bildung ist in der Geschichte der Pädagogik immer wieder, wenn auch mit unterschiedlichen Akzentuierungen, betont worden. Besonders eindrucksvoll brachte etwa der bedeutende niederländische Gelehrte Erasmus von Rotterdam einen pädagogischen Grundgedanken des Renaissance-Humanismus auf den Punkt, indem er hervorhob, dass man zum Menschen letztlich nicht durch Geburt werde, sondern durch Erziehung und Bildung. In dieselbe Kerbe schlug einige Jahrhunderte später der deutsche Philosoph Friedrich Hegel, indem er 1807 in seiner „Phänomenologie des Geistes" hervorhob, dass der Mensch das, was er als Mensch sein soll, erst durch Bildung ist.

In Lehrplänen spiegeln sich stets auch Menschenbilder wider. Der Curriculumsentwicklung kommt folglich große Bedeutung zu. In den Curricula wie in den Stundentafeln ist auf Ausgewogenheit zu achten – zumal in allgemein bildenden Schulen. Aber auch Schwerpunktschulen auf der Sekundarstufe sollten das nicht gänzlich außer Acht lassen. Wenn etwa in teilautonomen Stundentafeln Unterrichtsgegenstände wie „Ernährung und Haushalt", „Bildnerische Erziehung", „Textiles Werken", „Technisches Werken", „Musikerziehung" sowie andere praktische Fächer deutlich an Bedeutung verlieren und unterdotiert sind, offenbart sich darin ein verkürztes, wenig ausgewogenes Bildungsangebot. Manchen Interessengruppen gelingt es offenbar zunehmend, an der Gelenkstelle „Lehrplan" sowie bei der Gewichtung im Fächerkanon Einfluss zu nehmen.

Jedenfalls wäre auf ein ganzheitliches Menschenbild dringend mehr Augenmerk zu legen. Im abendländischen Kulturkreis müsste somit auch der christlich-ethisch-religiösen Bildung – mithin dem christlich-humanistischen Menschenbild – wieder ein gebührender Stellenwert zugemessen werden. Bei aller notwendigen Aufgeschlossenheit und Toleranz gegenüber anderen Kulturen, Weltanschauungen oder Religionen müssen den nachwachsenden Generationen auch hierzulande ihre ursprünglichen Wurzeln als Teil ihrer Identität bewusst werden.

Auf der Folie der Globalisierung und neuer Migrationsbewegungen ist der Politischen Bildung und der Interkulturellen Erziehung – nicht nur als Unterrichtsprinzipien (!) – sowie dem internationalen Austausch stärkeres Augenmerk zu schenken. Sie leisten einen unverzichtbaren Beitrag zur Demokratie-, Friedens- und Menschenrechtserziehung. Zur Persönlichkeitsbildung können erfahrungsgemäß auch die zahlreichen EU-Programme wie Sokrates, Comenius, Erasmus, Leonardo oder Grundtvig beitragen, welche transnationale Bildungskooperationen, Lernpartnerschaften sowie Studien- und Praktikumsaufenthalte von Schülerinnen, Schülern, Studierenden, Lehrlingen, aber auch von im Beruf stehenden Erwachsenen in anderen Ländern forcieren und fördern. Weitere Schwerpunkte sind Fremdsprachenlernen, Steigerung der Flexibilität und Mobilität sowie lebenslanges Lernen. Im Ausland studieren, Sprachen lernen, arbeiten, Erfahrungen sammeln zu können, ist ein Bildungsgut, das hoch zu schätzen ist. Andere Länder, Sprachen, Kulturen, Traditionen, Lebensstile, Denkweisen kennenzulernen, ist ganz grundlegend für gegenseitiges Verständnis als Voraussetzung für ein friedliches Miteinander.[49]

Ausgehend vom französischen Psychologen und Begründer der Psychometrie Alfred Binet, der im Jahre 1900 den ersten „Intelligenztest" entwickelte, um den Intelligenzquotienten (IQ) zu messen, hat sich die Vorstellung nahezu über ein Jahrhundert gehalten, dass es nur *eine* Intelligenz gebe. Sie sei messbar und überwiegend genetisch determiniert. Unhinterfragt hat sich dieses Verständnis von der Intelligenz verfestigt und bis in unsere Tage prägend auf das Menschenbild ausgewirkt. Der amerikanische Psychologe Howard Gardner hat als Erster die Existenz einer allgemeinen geistigen Fähigkeit, einer gleichsam monolithischen Intelligenz, infrage gestellt. Er zeigte auf, dass es nicht eine, sondern multiple Intelligenzen gibt, also mehrere unterschiedliche, voneinander relativ unabhängige kognitive Fähigkeiten. So könne man unterscheiden: sprachliche Intelligenz, musikalische Intelligenz, logisch-mathematische Intelligenz, räumliche Intelligenz, körperlich-kinästhetische Intelligenz, intrapersonale Intelligenz, interpersonale Intelligenz, naturalistische Intelligenz und existenzielle Intelligenz.

Die Annahme individuell geprägter Intelligenzprofile hat für das Menschenbild in der Pädagogik sowie für Bildung schlechthin nicht zu unterschätzende Auswirkungen. Wenn nämlich nicht alle Kinder und Jugendlichen über dieselben Intelligenzen oder kognitiven Fähigkeiten verfügen, wenn Intelligenzen erfolgreich gefördert werden können, wenn aber keine Form durch psychometrische Verfahren direkt messbar ist, und wenn wir in unserer Gesellschaft sowie ihren Bildungsinstitutionen bestimmte Intelligenzen überbewerten, andere aber unterbelichten oder gar ignorieren, so besteht

---

49 Vgl. Molzbichler, Herbert: a. a. O. 2015, S. 127.

Handlungsbedarf. Aussagekraft und Bedeutung von quantifizierbaren Messungen oder Testungen sind auf dieser Folie zumindest zu relativieren. Dass PISA wie andere Vergleichsstudien viele wichtige Intelligenzen außen vor lassen, braucht wohl nicht extra betont zu werden. Das nützliche Konzept multipler Intelligenzen findet allmählich auch in Österreichs Schulen und anderen Bildungsinstitutionen Eingang, doch hat es vielerorts noch zu wenig Fuß gefasst. Diese Sichtweise ist zumal für Pädagoginnen und Pädagogen sowie für alle Erziehenden wertvoll, weil sie zu einem differenzierteren Bild von Heranwachsenden, von Schülerinnen wie Schülern, beitragen kann.

Wir dürfen nicht alle Kinder und Jugendlichen über einen Kamm scheren, noch dürfen wir sie bloß zum breiten Durchschnitt, zum bequemen Mittelmaß hinleiten. Der österreichische Genetiker Markus Hengstschläger, der gleichsam wie ein Wanderprediger durch die Lande tourt, um gegen die Durchschnittsfalle zu Felde zu ziehen, weist in seinem gleichnamigen Buch („Die Durchschnittsfalle", Ecowin 2012) darauf hin, dass die allseits herrschende Orientierung am Durchschnitt kein Zukunftskonzept sei. Daher müsse die Abkehr von der Norm allmählich zur Norm werden – zumal in unseren Bildungseinrichtungen. Dass hierzu ein Umdenken in mehrfacher Hinsicht notwendig ist, wird im Kapitel „Wacht auf!" näher erläutert. Der gegenwärtig forcierte Ansatz zu stärkerer Differenzierung sowie Individualisierung in unseren Schulen ist ein erster Schritt in die richtige Richtung. Dadurch sollen nicht zuletzt Begabungen und Talente erkannt und gefördert werden. Sofern wir den Großteil unserer Zeit und Energie darauf verwenden, nur die Schwächen der SchülerInnen einigermaßen auszumerzen – wie es derzeit weithin geschieht –, bleibt die Stärkung ihrer Stärken weitgehend auf der Strecke. Darauf sollten wir mehr Augenmerk legen. Dabei ist natürlich nicht zu übersehen, dass bestimmte Grund- oder Mindeststandards trotzdem für alle anzustreben sind, aber ohne die Individualität einzuebnen. Ist diese doch ein wichtiger Mosaikstein menschlicher Existenz.

Wir alle haben im Laufe unseres Lebens unsere ganz eigene Anschauung vom Menschen sowie unsere individuelle Weltsicht entwickelt. Wie alles im Leben unterliegen auch diese einem zeitlichen, mitunter zeitgeistigen, Wandel. In aufgeklärten Weltgegenden außerhalb von autoritär-totalitären Regimen sollte jedes Menschen- und Gesellschaftsbild, das sich auf der Höhe des 21. Jahrhunderts wähnt, durch humanistische, demokratische, emanzipatorische, sinnzentrierte, verantwortungsbewusste Gesinnungen und Haltungen geprägt sein, die in unserem Verhalten wie im Handeln wirksam werden.

Schulqualität – Was ist das?

In diesem Kapitel soll der Qualitätsbegriff ein wenig näher unter die Lupe genommen werden, ein schillernder Begriff, der gegenwärtig in aller Munde ist. Ein Schulsystem, das Qualitätsentwicklung und Qualitätssicherung zu grundlegenden Aufgaben erhebt, muss sich selbst sowie der Öffentlichkeit erklären, welche konkreten Inhalte, Prinzipien und Wertvorstellungen sich in der Worthülse „Qualität" verbergen. Letztlich spiegelt sich darin der Anspruch an Bildung wider. Ferner ist zu erkennen, welchem Menschen- und Weltbild man sich verpflichtet fühlt.

Die Praktikerinnen und Praktiker vor Ort sind aufgefordert, sich stärker in den Qualitätsdiskurs einzubringen, wobei ihr eigenständiges, unabhängiges Denken von hohem Wert ist. Mehr Mut anstelle von Unmut ist gefragt. Hört endlich auf zu jammern und wehrt euch gegen pädagogisch unsinnige Vorgaben! Schluss mit der Duckmäuserei! Man sollte im Bildungs- und Qualitätsdiskurs mehr auf die Pädagogenzunft – also auf die wahren Fachleute aus der Praxis – hören als auf nicht im Schulleben stehende „Expertinnen" oder „Experten". Natürlich dürfen auch Erkenntnisse aus den Bildungs- und Sozialwissenschaften sowie aus der Qualitätsforschung nicht ignoriert werden. Vielmehr müssen sie in die schulische Arbeit in geeigneter, handhabbarer Weise einfließen.

Bevor über Qualität sinnvoll geredet werden kann, ist abzuklären, was darunter verstanden wird. Trotz anwachsender Qualitätsliteratur herrscht keine Einigkeit über den Qualitätsbegriff, was ob der Interessenvielfalt und Wertpluralität in modernen Kommunen wohl kaum verwundert. Zum anderen ist „Qualität" ein Wertbegriff, der nicht objektivierbar, sondern nur diskursiv aushandelbar ist. Außerdem steht fest, dass sich Schulqualität nicht objektiv messen lässt. Auch wenn

Schulwirksamkeit zunehmend als ein wichtiges Kriterium für Schulqualität erachtet wird, kann die Qualität einer Schule nicht ausschließlich nach ihren Wirkungen bestimmt werden. Früher einmal hat die Sache wenig Kopfzerbrechen bereitet. Die Frage nach der Qualität von Schule konnte schlicht aus den staatlichen Vorgaben beantwortet werden. Diese wurden im Allgemeinen nicht hinterfragt. Was Qualität war, wurde vom Staat im Rahmen seiner institutionellen Legitimation verordnet. Heute müssen sich Schul- und Bildungsfachleute der Diskussion stellen, worin die Qualität von Schule bestehe und wie sie sich entwickeln respektive absichern lasse. Die deutschen Bildungs- und Schulentwicklungsexperten Guy Kempfert und Hans-Günter Rolff fordern mit einem kritischen Blick auf PISA und TIMSS eine grundlegend andere Qualitätsdebatte ein; nämlich eine, „die nicht nur auf Wettbewerbsfähigkeit, sondern auf Pädagogik fokussiert ist sowie einen pädagogischen Qualitätsbegriff entwickelt, und eine solche, die nicht nur auf Vergleiche zentriert ist, sondern sich an Entwicklung orientiert"[50].

Daraus ergibt sich zwingend, dass es keinen einheitlichen Qualitätsbegriff, der den Schulen von außen verbindlich vorgegeben wird, geben kann. Ungeachtet dieser Sachverhalte sind Begriffe wie Qualitätsstandards, Qualitätsentwicklung, Qualitätssicherung zu geflügelten Worten im Bildungsgeschehen mutiert. Sie kommen, meist ohne hinterfragt zu werden, auch hierzulande vielen politisch Verantwortlichen floskelhaft leicht über die Lippen. Solch oberflächliches Gerede trägt nicht weit. Qualität muss ausgehandelt und definiert werden. Was Schulqualität ausmacht, ist demnach ein fortlaufender Aushandlungsprozess, der auf allen Systemebenen – von der bildungspolitischen Steuerungsebene bis hin zu den einzelnen

---

50 Kempfert, Guy/Rolff, Hans-Günter: Pädagogische Qualitätsentwicklung. Ein Arbeitsbuch für Schule und Unterricht. Weinheim/Basel 1999, S. 13.

Schulen – verantwortungsvoll erfolgen muss. Denn Qualität bedeutet gewöhnlich weder für die verschiedenen „Stakeholder", sprich Anspruchsberechtigten, noch für die unterschiedlichen Ebenen – Unterricht, Schule, Bildungsregion, Gesamtsystem – genau dasselbe. Alle haben zur Qualitätsentwicklung und Qualitätssicherung ihren spezifischen Beitrag zu leisten.

Spät, aber doch, hat man in Österreich nun begonnen, diesen Entwicklungen Rechnung zu tragen. Ab dem Schuljahr 2013/14 wurden unter dem Aufmacher „Schulqualität Allgemeinbildung" (SQA) Maßnahmen pädagogischer Qualitätsentwicklung und Qualitätssicherung für alle österreichischen Schulen erstmals verbindlich. Bleibt nur zu hoffen, dass sie auch greifen. Schließlich kann in Schulen – wie die Erfahrung gezeigt hat – so manches vorgetäuscht, proforma abgehandelt oder gar hintertrieben werden, wenn die Schulleitung sowie der Lehrkörper nicht aus Überzeugung zu den äußeren Vorgaben stehen. Außerdem ist zu befürchten, dass zahlreiche Schulen es bei den vorgeschriebenen und vereinbarten Maßnahmen belassen, darüber hinaus aber aus eigenem Antrieb keine wirksame Schulentwicklung betreiben.

Bildung und Schule müssen sich dem gesellschaftlichen Wandel sowie den veränderten Ansprüchen und Anforderungen stellen, um nicht an den Lebenserfordernissen vorbeizubilden. Dabei kommt den Schulleitungen eine Schlüsselfunktion zu. Unbestritten ist, dass Leitungspersonen die Gesamtverantwortung für schulische Entwicklungs- und Steuerungsvorgänge nicht delegieren können; auch wenn innovative Schulen ihre Entwicklungsprozesse zunehmend durch Steuergruppen organisieren. Entscheidend ist dabei, dass diese nicht nur formell bestehen, sondern dass sie wirksam arbeiten.

Eine klare Definition der Autonomie – sofern sie gewährt und ernst genommen wird – ist für effizientes sowie effektives Schulleitungshandeln unerlässlich. Darüber herrscht internationaler

Konsens. Die Gestaltungs- und Entscheidungsfreiräume sind genau festzulegen. Innerhalb der vorgegebenen Rahmenrichtlinien können sich die Schulen ihre Entwicklungsziele selbst setzen sowie eigene Strategien zu deren Verwirklichung erarbeiten. Diese sind allerdings in Instrumenten wie Leitbild und Schulprogramm transparent zu machen und von der Schulbehörde zu genehmigen. Der renommierte Schweizer Professor für Wirtschaftspädagogik Rolf Dubs betont etwa: „Die tiefste Rechtfertigung der teilautonomen Schule liegt in der Idee der Schulentwicklung. (…) Schulentwicklung ist also ein langer, kontinuierlicher, dynamischer und planmäßiger Analyse-, Problemlöse-, Innovations- und Lernprozess, der von der Lehrerschaft [mit der Schulleitung, H.M.] einer Schule getragen wird."[51] Das auf dem Leitbild basierende Schulprogramm – dies muss Lehrenden wie Leitenden deutlicher bewusst werden – ist Ausdruck gemeinsamer, planvoller Schulentwicklung. Darin wird unter anderem festgelegt, was eine Schule unter Qualität versteht, wie diese transparent und gesichert wird. Damit ein Schulprogramm verbindlich und wirksam wird, ist es in einer konkreten Arbeitsplanung umzusetzen. Jahresarbeitspläne sind ein probates Mittel, das Schulprogramm zu konkretisieren, um die schulische Arbeit daran auszurichten. Durch ehrliche Selbstüberprüfung ist zu evaluieren, inwieweit die Schule die vorgegebenen sowie selbst entwickelten Ziele erreicht hat. Dadurch kann Schulqualität gesichert und verbessert werden. Evaluation macht nur in enger Verknüpfung mit Schulentwicklung Sinn, nur wenn die aus den erhobenen Daten abgeleiteten Erkenntnisse in Maßnahmen zur Verbesserung und Korrektur von Schwächen sowie zum Ausbau von Stärken münden. Qualitäts- respektive Wirkungsanalysen sind für die eigene Schulpraxis unentbehrlich.

---

51 Dubs, Rolf: Erfolgreich als Schulleiter. Aufgaben und Erfolgsfaktoren moderner Schulleitungstätigkeit. Berlin/Stuttgart 2003, S. 5.

Die Fakten sind seit Jahren bekannt und nachlesbar. In erfolgreichen Bildungssystemen weltweit sind sie für die Praxis fruchtbar gemacht und in der schulischen Arbeit umgesetzt worden. Warum reagiert man in Österreich oft so langsam, so zögerlich, so spät? Wissen die Verantwortlichen mitunter nicht, wohin die Entwicklung gehen sollte? Oder fehlt der richtige Plan, wie man an die Dinge herangeht, wie neu gewonnene Erkenntnisse vernünftig zu implementieren sind? Resultieren daraus die Umsetzungsprobleme? Oder lässt man die Dinge einfach schleifen? Wo, auf welchen Systemebenen, spießt es sich? Schubladendenken, Scheuklappensichtweisen sowie defensive Abwartehaltungen erweisen sich ob des rasanten gesellschaftlichen Wandels jedenfalls zunehmend als kontraproduktiv.

Auf der schulischen Ebene könnte dem unter anderem der Handlungs- oder Aktionsforschungsansatz[52] entgegenwirken. Er ist nützlich, weil er Praktikerinnen wie Praktikern ermöglicht, Innovationsvorgänge selbst zu kontrollieren und dabei professionelles Wissen zu produzieren. Handlungsforschung zielt auf eine systematische Reflexion über das eigene Handeln, um dessen Auswirkungen zu überprüfen, Schwierigkeiten und Irrwege zu identifizieren, sodann zu beseitigen oder zu korrigieren. Die Ergebnisse dienen und bleiben stets den Betroffenen. Praktisches Leiter- respektive Lehrerhandeln sowie dahinterstehende – mehr oder weniger bewusste – Alltagstheorien können so wirksam hinterfragt werden. Aktionsforschung sollte künftig ein fixer Bestandteil der Lehramtsausbildung sein sowie in den Schulen allmählich zur gelebten Praxis werden. Dadurch würde sie Wesentliches zur Unterrichts-, Personal- und Organisationsentwicklung beitragen und insgesamt zu einer Professionalisierung wie auch Qualitätssteigerung in der schulischen Arbeit führen.

---

52 Vgl. Posch, Peter/Altrichter, Herbert: Bildung in Österreich. Analysen und Entwicklungsperspektiven. Innsbruck 1992, insbesondere S. 86.

Folgendes Faktum bleibt trotzdem bestehen: Schule findet nicht isoliert statt, sondern sie ist von jeher ein Politikum. Somit unterliegt sie kontroversen wissenschaftlichen, bildungs- und gesellschaftspolitischen Auffassungen. Wie alle Bildungseinrichtungen bleiben Schulen letztlich bestimmt und begrenzt in den vorgegebenen gesellschaftlichen Strukturen und Entwicklungen. Die Politik entscheidet – im günstigen Fall aufgrund gesellschaftlicher Übereinkünfte – die übergeordneten Ziele, Organisationsstrukturen sowie Funktionen der staatlich organisierten Institution Schule. So hängt auch die Gewichtung der einzelnen Funktionen – Sozialisations- und Enkulturationsfunktion, Integrationsfunktion, Qualifikationsfunktion, Legitimationsfunktion, Selektionsfunktion oder Allokationsfunktion – wesentlich von bildungspolitischen Willensbildungen und Weichenstellungen ab. Das Schulleben wird davon ebenso beeinflusst wie von den Rahmenzielen.

Die jeweilige Organisationsform prägt Schule ebenfalls. Das hat Siegfried Bernfeld schon 1925 kurz und bündig auf den Punkt gebracht: „Die Schule – als Institution – erzieht."[53] Bernfeld, der ein scharfer Kritiker der „alten" Schule sowie der bürgerlichen Pädagogik war, entwarf in seiner Schrift „Sisyphos oder die Grenzen der Erziehung" eine Theorie der Schule als Institution. Darin zeigte er auf, dass die Schule durch ihre Organisationsform und ihre prägenden Strukturen mehr als durch Lehr- und Erziehungsprogramme wirkt. Durch diese würden Botschaften unbemerkt mittransportiert, die zudem nicht selten im Widerspruch zum offiziellen Bildungsauftrag stünden. Die Beeinflussung werde allerdings von den Mitgliedern der Institution kaum bemerkt, da ein Denken außerhalb der vorgegebenen Strukturen nur schwer möglich sei.

---

53 Vgl. Bernfeld, Siegfried: Sisyphos oder die Grenzen der Erziehung. Frankfurt am Main 1967.

Nach herkömmlicher Auffassung werden Denken und Handlungen durch vorgegebene Strukturen in bestimmte Bahnen gelenkt. Handlung und Struktur können allerdings auch als komplementäre Begriffe verstanden werden. Strukturen sind dann sowohl Medium als auch Ergebnis von Handlungen. Anthony Giddens[54], Soziologieprofessor an der Universität von Cambridge, führte dazu das Theorem der „Dualität von Struktur" ein. Um die Strukturierungen sozialer Systeme zu verstehen, muss untersucht werden, wie diese in vielfältigen Interaktionszusammenhängen produziert und reproduziert werden. Struktur darf nicht einfach mit Zwang gleichgesetzt werden, da sie Handeln nicht nur einschränkt, sondern auch ermöglicht. Handlungen sind so gesehen weder vollkommen frei (von Strukturen) noch vollkommen (durch Strukturen) determiniert. Natürlich bezieht sich auch das Alltagshandeln in der Schule immer und notwendigerweise auf strukturelle Bedingungen der Institution, die das Handeln der Mitglieder sowohl einengen als auch zugleich ermöglichen. Schulische Strukturen werden somit im Handeln reproduziert und stabilisiert; sie können aber auch modifiziert und allmählich verändert werden. Das ist bei allen Interaktionen im Schulgeschehen mit zu bedenken.

Bei der Einführung neuer Organisationsformen ist jedenfalls zu beachten, dass die Veränderung formaler Strukturen allein noch keine Veränderung von Überzeugungen, Verhaltensweisen und Fähigkeiten bedingt. Ein struktureller Umbau bewirkt somit noch kein Umdenken. Auch wenn zwischen strukturellem und kulturellem Wandel zweifellos eine wechselseitige Beeinflussung besteht, ist es weitaus wirksamer und nachhaltiger, wenn zunächst Leitungs- wie Lehrkräfte ihre Einstellungen, Haltungen, Handlungen verändern sowie ihre

---

54 Vgl. Giddens, Anthony: Die Konstitution der Gesellschaft. Frankfurt/New York 1997, S. 77ff.

Kompetenzen erweitern. Ein solches Umdenken wird in der Folge auch zu einem zweckmäßigen Umbau der Strukturen führen.[55]

Zwei Fakten dürfen wir dabei nicht außer Acht lassen: Zum einen sind auch Schulleute in der jeweiligen Gesellschaft sozialisiert und geprägt worden. Wenn bestimmte Einstellungen, Haltungen, Denkmuster, Handlungsschemata in der Gesellschaft „en vogue" sind, wird auch die Mehrzahl der Pädagoginnen und Pädagogen ihnen frönen. Zum anderen sind eben Organisationsstrukturen inhaltskonstitutiv. Sie lenken in gewissem Maße – worauf Bernfeld als Erster klar hinwies – das Denken der Organisationsmitglieder. Schulische wie verwaltungstechnische Organisationsstrukturen müssen daher von Zeit zu Zeit auf einer Metaebene kritisch hinterfragt werden; einerseits um ihre Angemessenheit und Effizienz zu überprüfen, andererseits um durch einen Brillen- oder Standortwechsel das eigene Denken von der Strukturgebundenheit loszulösen und einen weiteren Horizont in den Blick zu nehmen.

Spätestens seit den Untersuchungen von Michael Rutter[56] und seinem Team lässt sich die Bedeutung des Schulethos, der Schulkultur, des Schulklimas für die Schulqualität nicht mehr ernsthaft anzweifeln. Seine in mehrjähriger Arbeit gewonnenen Forschungsergebnisse belegen, dass neben den persönlichen Qualitäten der Leitung sowie der Lehrkräfte zumindest in gleichem Maße das Schulethos entscheidend für erfolgreiche schulische Arbeit ist. Die Studie zeigte des Weiteren, dass qualitätsvolle Schulen sozial-ökologische Umgebungen bilden, in denen wirksames Unterrichten unterstützt und gefördert wird. Demnach ist es in manchen Schulen leichter eine gute Lehrkraft zu sein als in anderen. Auf den Punkt gebracht: Auch Bildungsinstitutionen können auf kulturelle Individualität nicht

---

55 Vgl. Fullan, Michael: a. a. O. 1999, S. 90 und S. 117.
56 Vgl. Rutter, Michael et al.: Fifteen Thousand Hours. London 1979, S. 139.

verzichten, da sie identitätsstiftend für das Funktionieren aller Kollektive unerlässlich ist. Dem Schulethos, der Schulkultur oder dem Schulklima ist folglich ein hoher Stellenwert einzuräumen. In der Praxis stehende Schulleute werden das aus eigener Erfahrung bestätigen.

Für den renommierten österreichischen Erziehungswissenschaftler, Psychologen und Bildungsforscher Helmut Fend[57] handelt es sich beim Schulklima, also dem sozialen Klima an einer Schule, um subjektive Wirklichkeitskonstruktionen, um das, was die meisten für „richtig" halten und wovon sie glauben, dass dies auch alle anderen an einer Schule denken, was alle für „wahr" halten und wovon daher alle meinen, dass man es tun müsse. Laut seiner These beeinflussen solche Wirklichkeitskonstruktionen in hohem Maße die Arbeitsmotivation, das Handeln der Beteiligten sowie überhaupt ihr Wohlbefinden.

Gelebte Schulkultur spiegelt das Selbstverständnis, die gelebten Werte und die soziale Atmosphäre wider. Erfolgreiche Schulen sind vor allem gekennzeichnet durch ein gedeihliches Schulklima, eine hohe Übereinstimmung von Werten und Normen sowie zwischen dem Verhalten der Leitung und dem des Kollegiums. Das Schulethos meint aber nicht nur ein angenehmes Schulklima, sondern ebenso gemeinsam getragene pädagogische Einstellungen, Haltungen, Erwartungen, die von allen eingehalten werden.

Zur kulturellen Individualität, zu Schulkultur oder Schulklima sei abschließend noch eine zentrale Erkenntnis aus der Sozial- und Führungspsychologie hervorgehoben. Danach ist die Stimmigkeit zwischenmenschlicher Beziehungen für ein erfolgreiches Führungs- und Arbeitsklima eine unabdingbare Voraussetzung. Häufig scheinen emotionale Aspekte

---

57 Vgl. Fend, Helmut: Qualität im Bildungswesen. Schulforschung zu Systembedingungen, Schulprofilen und Lehrerleistung. Weinheim/München 1998, S. 174.

der Beziehungen sogar wichtiger als professionelle Aspekte der Tätigkeit zu sein. Ungleichbehandlungen der Kollegen und Kolleginnen im Sinne einer ungleichen Verteilung von Begünstigungen, zusätzlicher Arbeitsbelastung oder der Anerkennung von erbrachten Leistungen sollten von der Schulleitung unbedingt vermieden werden. Einseitige Bevorzugungen wecken nur Neid und Misstrauen, was das Beziehungsgefüge, das soziale Klima auf Dauer schädigt. Immer wieder zeigt sich allerdings auch, dass sich eine Geringschätzung sowie ein Mangel an professionellen Einstellungen und Haltungen mittel- bis langfristig ebenfalls negativ auf die Schulkultur auswirken.

Um einen Begriff der Gruppendynamik aufzugreifen, können Kollegien „unreife Gruppen" bilden, obwohl die einzelnen Mitglieder intelligente, emotional reife Erwachsene sind. Damit sich ein Lehrkörper zu einer reifen Gruppe entwickeln kann, ist ein Lernprozess vonnöten, für den die Schulleitung günstige Rahmenbedingungen zu schaffen hat. Für Roland Fischer[58] ist ein gemeinsames Gruppen- oder Systembewusstsein ein markantes Kriterium reifer Gruppen. Damit ist die Fähigkeit gemeint, sich und sein Verhältnis zur Umwelt zu beobachten, um verantwortungsvoll auf die von außen gestellten Anforderungen reagieren zu können, ohne die inneren Beziehungen, Befindlichkeiten und Aufgaben zu vernachlässigen. Interesse in der Kollegenschaft für das, was andere über Fachgrenzen hinweg tun, sowie eine lebendige transdisziplinäre Diskussion kennzeichnen ebenfalls reife Kollegien.

Wie so oft nimmt die Schulleitung auch dabei wieder eine Schlüsselposition ein. Die Grundwerte der Schule müssen von der Führung persönlich und sichtbar vorgelebt werden. Die Vorbildwirkung etwa im Umgang mit Menschen und

---

58 Fischer, Roland: Kollegiales Management. 1997, S. 58ff.

Situationen, im pädagogischen Verhalten oder für den Aufbau von Vertrauen ist ganz wesentlich. Sozial wie emotional geschickte Führungskräfte wissen um die bindende Kraft von Ritualen und Rhythmen für die Schulgemeinschaft. Sie organisieren daher unterschiedliche Gelegenheiten – formeller wie informeller Art –, um das Zusammenwachsen des Lehrkörpers zu einer reifen Gruppe zu ermöglichen. Gemeinsame Ausflüge, Feiern, informelle Treffen, Sport- und Kulturveranstaltungen, Tagungen, Projekte wären hier beispielhaft zu nennen. In reifen Kollegien gelingt es meist, Cliquen- oder Klüngelbildungen hintanzuhalten. Ritualisierte Handlungen und feste Bräuche zu wichtigen Ereignissen im Jahreskreis sprechen die Gefühlsebene sowie das soziale Empfinden der Schulmitglieder an. Auf diese Weise fördern sie deren Mitwirkungsbereitschaft und die Kooperationsfähigkeit, somit den Zusammenhalt. Darüber hinaus bieten sie auch Gelegenheiten zur gemeinsamen Rück- oder Vorausschau. Ein vernünftig praktizierter dialogischer, kooperativer Führungsstil unter Wahrnehmung der Führungsverantwortung erweist sich für Schulleitungen als zielführend, da es leichter gelingt, alle Lehrpersonen durch gemeinsames Planen und Handeln, Förderung von Kollegialität, Konsens und Zusammenarbeit in ein aktives Schulleben zu integrieren und auf die vereinbarten Ziele einzuschwören.

Auch wenn Schulen in einem durchaus chancenreichen Ansatz zunehmend als „lernende Organisationen" oder Lernsysteme verstanden werden, können sie in einem vernetzten System nicht besser sein, nicht mehr leisten als das Bildungs- und Gesellschaftssystem, in welches sie jeweils eingebunden sind. Das ist zur Kenntnis zu nehmen. Leicht nachvollziehbar wird etwa ein Schulsystem in einem bildungsbewussten, lernmotivierten Gemeinwesen ganz anders reüssieren als in einem bildungsträgen, lernmüden. In unserer Wohlstandsgesellschaft erweist sich so mancher saturierte, dem Anspruchsdenken verhaftete Mensch – einerlei ob Kind, Jugendlicher oder Erwachsener – nur auf einem Gebiet als auffällig bescheiden, genügsam, ja mitunter abstinent: im Bildungsbemühen, in der Lernbereitschaft. Solche Zusammenhänge sollten wir im Schulqualitätsdiskurs stets mitdenken.

Zumindest in der Fachliteratur werden Schulen heute verstärkt als „lernende Organisationen" beschrieben, die Schulentwicklung als eigene Entwicklungsaufgabe erkennen und wahrnehmen sollen, was offensichtlich noch nicht überall angekommen ist. Die Idee der Organisationsentwicklung geht ursprünglich auf den Sozialpsychologen Kurt Lewin[59] zurück, der schon in den Vierzigerjahren des vorigen Jahrhunderts ein neues Konzept entwickelte. Dieses beruhte im Wesentlichen auf der Annahme, dass ein soziales System von innen heraus durch die Systemmitglieder selbst weiterentwickelt werden müsse. Später wurde dieses Konzept von der Betriebswirtschaftslehre im „Human-Relations-Modell" aufgegriffen und schließlich in den Neunzigerjahren als relativ „neues" Paradigma zum Konzept der „Lernenden Organisation" ausgebaut. Peter M. Senge hat mit Chris Argyris federführend die theoretische und praktische Ausarbeitung des Konzepts geleistet. Trotz heftiger Diskussionen um die Lernfähigkeit von Organisationen hat sich inzwischen der Gedanke weitgehend durchgesetzt, dass Organisationen lern- und entwicklungsfähig sind. Diese Lernvorgänge sind logischerweise an Menschen gebunden, die fähig sind, Lern- und Erfahrungsprozesse, die in Veränderungen auftreten, zu entschlüsseln.

Die Idee der lernenden Organisation hat sich einstweilen in gewisser Weise auch für die Entwicklung von Schulen als Leitvorstellung etabliert. Sie ist vielfach zum Entwicklungsziel

---

59 Lewin, Kurt: Field Theory in Social Science. New York 1951.

und Hoffnungskonzept geworden. Daher wird diese Konzeption den Lesenden in ihren Grundzügen hier vorgestellt. Der Organisationsfachmann Peter M. Senge[60] unterscheidet fünf Dimensionen (Disciplines), die das Ganze einer Organisation in Entwicklung fassbar machen:

Die erste Dimension und Grundlage für das Lernen jeder Organisation ist die Persönlichkeitsentfaltung (Personal Mastery), womit die Entfaltung der ganzen Persönlichkeit einschließlich der körperlichen Eigenschaften, der Gefühle, Empfindungen und Wahrnehmungen gemeint ist, nicht nur unmittelbare berufliche Fort- oder Weiterbildung. So ist man in diesem Sinne noch kein überzeugender Schulleiter, wenn man „nur" Schulleiter ist oder eine überzeugende Lehrerin, wenn man „nur" Lehrerin ist. Persönlichkeitsentfaltung ist eine Entwicklungsdimension, die von den Schülerinnen und Schülern über die Lehrpersonen bis zu den Leitungskräften hinreicht.

Die zweite Dimension des Organisationslernens betrifft das Organisationsbewusstsein. Dabei geht es um die Entwicklung ganzheitlicher mentaler Modelle (Mental Models) von Schule und Bildung. Schulleiterinnen wie Schulleiter sind schon alleine ob ihrer Gesamtzuständigkeit herausgefordert, stets die ganze Schule im Bewusstsein zu haben, aber auch zu repräsentieren. Da die jeweiligen mentalen Modelle handlungsleitend sind, führen unvollständige oder einseitige Modelle in die Irre und behindern eine Gesamtschau. Wenn die jeweiligen Bilder oder Vorstellungen von Schule, Lernen, Bildung in einem Kollegium so weit auseinanderklaffen, dass kein vernünftiger Konsens erzielbar ist, erweist sich das als fatal. Die Bewusstwerdung und Koordination der mentalen Modelle der Organisationsmitglieder ist daher nach Senge eine Grundvoraussetzung für Organisationslernen.

---

60 Vgl. Senge, Peter M.: Die fünfte Disziplin. Kunst und Praxis der lernenden Organisation. Stuttgart 1996.

Da Organisationslernen auf Weiterentwicklung, somit auf Zukunft ausgerichtet ist, besteht die dritte Dimension in gemeinsamen Visionen (Shared Visioning). Auf Schule bezogen bedeutet das, dass schuleigene Visionen für die Schulentwicklung zu erarbeiten sind, die in Schulprofilen, Leitbildern, Schulprogrammen ausformuliert und operationalisiert werden. „Visionen" – abgeleitet von „sehen" – verweisen auf neue Sichtweisen oder Ansichten, somit auch auf neue Einstellungen. Eine Vision haben bedeutet schlicht gesprochen, eine verlockende Perspektive zu eröffnen. So betonen modernere Management- und Führungskonzepte immer wieder, dass ManagerInnen und vor allem Leitungspersonal auch mittels Visionen führen sollen. Natürlich sind nur miteinander geteilte Visionen als Leitfaden für Weiterentwicklung tragfähig. Und selbstverständlich ist es unerlässlich, dass zunächst Schulleitungen klare Vorstellungen oder Visionen von Schule und Schulentwicklung haben müssen. Daneben sollen sie aber auch das Kollegium inspirieren, selbst Visionen zu entwickeln. Gemeinsam können dann von allen weitgehend akzeptierte und mitgetragene „geteilte" Visionen als Leitbilder des Handelns fungieren.

Die vierte Dimension ist Teamentwicklung (Team Learning) – zumal in Schulen, die traditionell als Refugien für Einzelarbeiter gelten. Wie sich aus Kostengründen abzeichnet, werden LehrerInnen künftig zwar wahrscheinlich weiterhin überwiegend allein in einer Klasse unterrichten – auch wenn Teamteaching zunehmen sollte (siehe Modell „Neue Mittelschule") –, aber sie werden zugleich auch Mitglied eines oder mehrerer Teams sein. Das können beispielsweise Projektteams verschiedener Schulprojekte, Steuer- und Koordinierungsgruppen zur Schulentwicklung wie zur Qualitätssicherung, Jahrgangskonferenzen, Fachkonferenzen und dergleichen sein. Einzelne Gremien oder Gruppen werden allerdings erst dann zur Basis von Organisationslernen und echter Team-entwicklung, wenn die Mitglieder sich austauschen und zu kooperieren lernen, was von der Schulleitung zu ermöglichen, ja zu fördern ist – nicht zuletzt durch das eigene Beispiel. Nur so können Organisationsbewusstsein wie auch Schulkultur aufgebaut werden.

Die fünfte Entwicklungsdimension – für Senge die wichtigste von allen – ist systemisches Denken (Systems Thinking). Sie ist die integrative Kraft, die alle anderen verknüpfend zu einer konsistenten Theorie und Praxis zusammenfügt. Erst durch „Systemdenken" eröffnen sich vielfältige Perspektiven. Es gibt nicht mehr den Schuldigen, die Schuldige, der oder die für alle Probleme verantwortlich gemacht wird, sondern die Mitglieder der Organisation können erkennen, wie sie selbst durch ihr Handeln zu den jeweiligen Verhältnissen oder Problemen beitragen. Diese Einsicht versetzt sie erst in die Lage, Wege der Veränderung zu suchen, zu finden, zu beschreiten. Schulentwicklung muss heute als Systementwicklung begriffen werden. Systemisches, vernetzendes, komplementäres Denken wird zur Grundvoraussetzung für eine neue Qualität schulischer Entwicklung wie für Organisationslernen, das jeweils von der Lernbereitschaft und Lernfähigkeit der Systemmitglieder getragen wird. Für Senge sind diese fünf Disziplinen „Cornerstones" – also Eckpfeiler – lernender Organisationen, die nur im Wechselspiel aller Elemente Organisationslernen ermöglichen.

Die Identität einer Schule steht natürlich nicht ein für allemal fest, sondern sie muss sich wie jedes System immer wieder neu definieren und im Handeln legitimieren. Bedenken wir zweierlei: zum einen: Nur wer ein Lernender/eine Lernende bleibt, kann ein Lehrender/eine Lehrende sein. Zum anderen: Wenn sich unsere Schulen zu Lernsystemen mit verlässlicher Vereinbarungskultur entwickeln, so ist ein bedeutender

Schritt hin zu qualitativer und wirksamer schulischer Arbeit getan. Jedenfalls dürfen Schulen künftig nicht mehr „einem Bermudadreieck gleichen, in dem vieles unwiederbringlich verschwindet, was beschlossen, verabredet oder geplant wurde"[61]. Wohlgemerkt: Vereinbarungskultur sowie Rechenschaftslegung sind keineswegs als moralische Normen zu verstehen, sondern als Steuerungsverfahren, die Verbindlichkeit, Berechenbarkeit und Verantwortlichkeit in der schulischen Arbeit gewährleisten.

Die Frage, wie soziale Systeme angemessen und wirksam gesteuert werden können, wird gerade in Umbruchphasen, in Zeiten tief gehenden gesellschaftlichen Wandels, akut, da sich herkömmliche Steuerungsstrategien für neue Phänomene und Herausforderungen meist als unzureichend erweisen. Auch im Schulsystem scheint die lange vorherrschende Input-Steuerung nicht mehr hinzureichen. Im Zuge der Umstellung auf eine Output-Steuerung wird offenbar vor allem der finanzielle Input geschmälert. Die neue Philosophie klingt plausibel: Durch die Outputorientierung sollen die Ergebnisse und die Qualität schulischer Arbeit stärker gewichtet sowie auf deren Effizienz hin überprüft werden. Entscheidend ist somit, was letztlich herauskommt.

Die Steuerungsmechanismen, die in einem dezentralisierteren Bildungssystem mit teilautonomen Schulen derzeit als notwendig erachtet werden, lassen sich nach Sichtung verschiedener programmatischer Beiträge von international anerkannten Steuerungsexperten etwa wie folgt zuordnen: Verlässliche gesetzliche Rahmungen, die Vorgabe strategischer Bildungsziele und Ressourcenzuteilung bleiben als Inputfaktoren unerlässlich. Prozessorientierte Mechanismen wie Beratung, Unterstützung und Fortbildung oder Schulkultur,

---

61 Rolff, Hans-Günter: Selbständige Schule: Begründung und Konkretisierung. Berlin/Stuttgart 2004, S. 9.

Kommunikation, Kooperation und Teamentwicklung gewinnen an Stellenwert. Viel stärker als früher liegt der Fokus aber nunmehr auf Outputfaktoren wie Leitbild, Schulprogramm, Zielvereinbarungen, schulinterne Qualitätssicherung, Selbstevaluation, Feedback und Rechenschaftslegung sowie auf externer Evaluation, System-Monitoring und Bildungsforschung. Sowohl die Ein- oder Vorgaben (der Input) als auch die schulische Arbeit (die „Blackbox" oder das „In between") sollen durch vorher klar definierte anzustrebende Ergebnisse (den Output) gesteuert werden.

Es bleibt abzuwarten, wie sich die neue Steuerungsphilosophie künftig bewähren wird. Jedenfalls müssen auf allen Ebenen geeignete Wege gefunden werden, die sich langfristig in der Praxis als effizient erweisen, ohne dass die Gesamtsteuerung des Schulsystems vernachlässigt wird. Nur wenn alle Betroffenen den Sinn sowie die Notwendigkeit der Veränderungen im Gesamtkontext einsehen, werden sie diese mittragen. Dann kann die Neuorientierung gelingen.

Laut dem Ministerratsvortrag vom Herbst 2016 verbindet die Bundesregierung mit dem Autonomiepaket das Ziel, durch autonome Gestaltung sowie pädagogische Freiräume an den Schulen letztlich bessere Lernergebnisse und einen effizienteren Ressourceneinsatz zu erreichen. Zu den darin geplanten Maßnahmen gehören die Bildung von Schulclustern sowohl von Pflicht- als auch von Bundesschulen, die bessere Qualifizierung von Leitungskräften, die Auswahl des Lehrpersonals durch die Schulleitung, dessen bedarfsorientierte Fortbildung sowie eine autonome Unterrichtsorganisation. Mit dem Reformmodell „Clusterschule" wird gesetzlich die Möglichkeit geschaffen, dass sich bis zu acht benachbarte Schulen zu einem Schulcluster zusammenschließen. Die Aufgaben der Schulleitung soll die Clusterleitung übernehmen, die auch die Verantwortung für die Bildung in der jeweiligen (Klein-)

Region trägt. Zu ihrer Unterstützung wird es an den einzelnen Schulen Standortleitungen geben. Hoffentlich ist dabei an pädagogische LeiterInnen gedacht. In jedem Schulcluster sollen zudem ein Sekretariat und eine administrative Kraft die Leitung unterstützen. Dieses Paket beinhaltet Maßnahmen, die Chancen eröffnen und etwas in Bewegung bringen könnten. Vor allem eine bessere Qualifizierung des Leitungspersonals, pädagogische Schulleitungen an allen Standorten sowie die autonome Unterrichtsorganisation sollten zu besserer Schulqualität beitragen. Jedenfalls bleibt mit Spannung abzuwarten, was und wie die Dinge künftig umgesetzt werden. Im Sinne der Gesamtsteuerung des Schulsystems wird den neu gewährten autonomen Spielräumen sicherlich ein verstärktes Controlling gegenüberstehen. Die größeren Freiheiten einerseits werden andererseits wohl zwingende Evaluationen und Dokumentationen im Sinne der Transparenz, Vergleichbarkeit und Qualitätssicherung mit sich bringen. Wird man dabei ein vernünftiges Maß sowie die richtige Balance finden?

In qualitätsvollen, wirksamen Schulen werden kognitive, psychomotorische und emotional-soziale Fähigkeiten gefördert. Dabei wird auch der Leistungsaspekt nicht vernachlässigt. Ziele, Sinn wie Kriterien der Leistungsfeststellung sind klar und transparent. Derzeit wird als Praxisziel die Orientierung an Kompetenzen, Komplexitätsgrad und Kriterien angestrebt, die im Vorfeld des Unterrichts festzulegen sind (Stichwort „Rückwärtiges Lerndesign"). Transparente Ziele und Beurteilungskriterien sind für ehrliche, faire Leistungsrückmeldungen unerlässlich. Ein hoher Anspruch sowie Zutrauen in die Leistungsbereitschaft und Leistungsfähigkeit der SchülerInnen erzeugt Sogwirkung. Die gezielte Förderung aller Lernenden gibt Halt. Dass Begeisterung der wirksamste Lernmotor ist, steht außer Frage. Da dies jeder Mensch an sich selbst erfahren kann, bedurfte es erst gar nicht der wissenschaftlichen

Bestätigung durch die neuere Hirnforschung. Sie hat uns aber dankenswerterweise wieder dafür sensibilisiert. Folglich soll das Lernen Freude machen und altersgemäß – wo zielführend – auf spielerische Art erfolgen. Andererseits ist wohl auch die Tatsache zur Kenntnis zu nehmen, dass Lernvorgänge – speziell in einem institutionalisierten schulischen Rahmen – nicht immer locker, lustig, mühelos sein werden. Ein lernfreundliches Umfeld jedoch, das die intrinsische Eigenmotivation der SchülerInnen fördert, wäre jedenfalls zu gewährleisten.

Im Sinne der Resilienz sollte die bislang stark vorherrschende Fehler- durch Ressourcenorientierung ersetzt werden. Laut Dietrich Bonhoeffer sei es der größte Fehler, den man machen könne, immer Angst zu haben, einen Fehler zu machen. Wir müssen mehr auf die Stärken und Fähigkeiten der jungen Menschen hinschauen. Und wir brauchen „Equity" – Gerechtigkeit für alle. Schulen haben Kindern und Teenagern das Rüstzeug mitzugeben, damit sie mit ihrem Leben erfolgreich umgehen können. Die UNESCO hat das Lernen sinngemäß umschrieben mit: lernen zu wissen, lernen zu tun, lernen zu sein, lernen zum miteinander Leben. Dem ist nichts hinzuzufügen.

Ein Insider-Blick auf das Lehrpersonal

Wie in allen Berufsgruppen gibt es auch in der Lehrerschaft natur- wie sozialisationsbedingt eine bunte Vielfalt von Typen oder Charakteren. Jedes Lehrerkollegium besteht nicht nur aus sehr unterschiedlichen Persönlichkeiten, sondern in pluralistischen Gesellschaften sind zudem deren Vorerfahrungen, Werthaltungen, Denk-, Deutungs- und Handlungsmuster sowie Sinn- und Lebenskonzepte gewöhnlich sehr uneinheitlich und vielgestaltig. Gerade unter diesem Gesichtspunkt zählen die Förderung tragfähiger zwischenmenschlicher Beziehungen und die Pflege des Betriebsklimas zu den wichtigsten Aufgaben der Führung sowie der Schulgemeinschaft. Der Beziehungsarbeit kommt somit höchste Bedeutung zu.

Ich erhebe mit den folgenden Einblicken und skizzenhaften Beschreibungen keineswegs den Anspruch auf Vollständigkeit, noch wird das Faktum verkannt, dass solche Typisierungen in Realita selten in Reinform, gleichsam als Prototypen, vorkommen. In aller Regel begegnen uns Mischformen in mannigfachen Nuancen sowie unterschiedlich starken Ausprägungen. Die Reihung erfolgt zufällig und ohne Gewichtung.

Da wären zunächst jene, die mit dem Erwerb der Lehrbefähigung meinen, bereits wahre SchulmeisterInnen zu sein. Sie treten gerne (be)lehrend auf, sind selbstbewusst und von den eigenen Fähigkeiten durchaus überzeugt. Manche reden über die Köpfe der Kinder hinweg, da es ihnen an Erklärungsgeschick mangelt. Fort- und Weiterbildung halten sie mitunter für überflüssig. Ja, wenn jemand ohnehin der festen Überzeugung ist, in den eigenen Fächern sowie in pädagogischen Belangen völlig firm zu sein – wer könnte einem da noch etwas Neues zu sagen haben? Solcherart von sich eingenommen, erweisen sich diese Lehrenden und Dozierenden als ziemlich veränderungsresistent. Selbstreflexion wird kaum in

Erwägung gezogen. Wenig teamfähig halten sie gewöhnlich nicht viel von Teamarbeit. Selbst ist der Mann! Selbst ist die Frau!

Dann gibt es die sogenannten Klassenmamas – (groß) mütterliche Typen, die immer wieder betonen, dass sie alle „ihre Kinder" (sprich die ihnen auf Zeit anvertrauten Schülerinnen und Schüler) lieben. Manche neigen ob der prioritären erzieherischen Fürsorge sowie den vielen, meist wortreich vorgebrachten, gut gemeinten Ratschlägen dazu, auf eine konsequente Unterrichtsarbeit weitgehend zu vergessen. „Wo ist nur die Zeit schon wieder geblieben?" hört man sie häufig klagen. In ihrer Beurteilungspraxis erweisen sich solch gutherzige, nachsichtige Menschen häufig als zu mildtätig und inkonsequent. Vorwiegend sind solche mütterlichen Charaktere in den Pflichtschulen zu Hause.

Krass im Gegensatz dazu stehen jene LehrerInnen, die mit erzieherischen Aufgaben in der Schulstube nicht viel am Hut haben. Sie halten das Unterrichten für ihre vornehmste – wenn nicht überhaupt ausschließliche – Aufgabe. Dieser Typus scheint in mittleren und höheren allgemein- wie berufsbildenden Schulen stärker verbreitet zu sein als in Pflichtschulen, wo er aber auch vorkommt. Dass LehrerInnen durch den gesellschaftlichen Wandel heute gefordert sind, dem erzieherischen Aspekt ihrer Arbeit mehr Aufmerksamkeit zu widmen, entgeht ihnen oder wird einfach verleugnet und verdrängt. Schließlich seien sie dafür ausgebildet, qualifiziert Fachunterricht zu erteilen und Wissen zu vermitteln – so ihre bevorzugte Argumentationslinie.

Anlass zur Sorge bietet die laufend größer werdende Zahl jener Lehrpersonen, die nicht mehr die Kraft, den Mut, das Rückgrat haben, gegen ungerechtfertigte Vorwürfe und Interventionen vonseiten der Eltern oder der Schulaufsicht selbstbewusst und konsequent aufzutreten, klar zu argumentieren, notwendige Überzeugungsarbeit zu leisten. Selbst wenn sie zweifelsfrei im Recht sind, geben sie lieber klein bei, um sich zermürbende Auseinandersetzungen zu ersparen. Viele gehen Konflikten geradezu angstvoll aus dem Weg; so weichen sie auch vor den ihnen anvertrauten Kindern und Jugendlichen immer weiter zurück. Nur nicht anecken, nur keine Reibe- oder Angriffsfläche bieten, ist ihre Devise. Fallweise liegt dem auch ein übersteigertes Harmoniebedürfnis zugrunde.

Andererseits haben es die Unbeugsamen unter den gegenwärtigen Bedingungen zunehmend schwerer, Kurs zu halten. Sie müssen viel Kraft und Substanz aufbieten, um ihrer als richtig, weil zielführend, erkannten pädagogischen Linie treu zu bleiben. Sie bemühen sich, der grassierenden Interventionitis – etwa in Bezug auf die Notengebung – standzuhalten. Das gelingt nur Lehrpersonen, die mit viel Einsatz ihren Beruf ausüben, eine starke Persönlichkeit entwickeln konnten, in der Schulstube strukturiert arbeiten, auf die Sicherung des Unterrichtsertrages ausreichend Augenmerk legen und sich um eine leistungsgerechte, nachvollziehbare Beurteilungspraxis bemühen. Nicht zuletzt sind es jene Pädagoginnen und Pädagogen, die vom um sich greifenden Phänomen des Burn-outs zunehmend bedroht sind. Der gut gemeinte Rat aus der Kollegenschaft, auf ihre Gesundheit zu achten und es ein wenig lockerer anzugehen, hilft ihnen in aller Regel wenig. Möchten sie doch ihrer Gesinnung, ihrer Überzeugung, ja ihrem beruflichen Ethos treu bleiben. Immer weiter nachzugeben, sich beugen zu lassen, aus dem pädagogischen Feld zu gehen, wäre freilich der einfachere Weg. Aber es ist eben nicht ihrer.

Der Typus des begnadeten Erzählers, der pointiert und geistreich Vortragenden ist ebenfalls noch aufzufinden. Solcherart begabte Lehrpersonen bestechen meist ob ihres umfangreichen Fachwissens sowie der interessanten Anekdoten, die sie wie beiläufig aus dem Ärmel schütteln. Sie sind imstande, die

Aufmerksamkeit ihrer SchülerInnen – der meisten jedenfalls – trotz allgegenwärtiger Reizüberflutung zu gewinnen, ja bei entsprechenden Themen regelrecht zu fesseln. Der eine oder die andere Lesende denkt dabei vielleicht an liebenswerte, mitunter zerstreute, Professoren oder Professorinnen mit breiter humanistischer Bildung zurück.

Die gewieften Didaktiker und Methodenjongleure wiederum verstehen es, ihren Unterricht variantenreich zu gestalten. Sie leben Methodenvielfalt, streben aber in der Regel auch nach Methodengerechtheit. Es gelingt ihnen immer wieder, die Schulstube – selbst bei schwierigen Rahmenbedingungen – einigermaßen zum Forschungs- und Erfahrungsraum für ihre SchülerInnen werden zu lassen. Hierzu braucht es viel Engagement, Experimentierfreude, Umsicht sowie die nötige Konsequenz. In dieser Gruppe der Kollegenschaft finden sich zahlreiche teamfähige, kommunikative, aber auch lern- und fortbildungswillige Personen. Die meisten sind innovativ, entwicklungsoffen und somit stets bereit, Neues auszuprobieren. Idealerweise wird dabei die Reflexion über die Wirkung nicht vergessen.

Im starken Kontrast dazu standen früher die „Buch, Seite XY-Typen", die inzwischen – so ist zu hoffen – fast völlig von der Bildfläche verschwunden sind. Ihre unbedarfte „Didaktik" bestand in folgenden Anweisungen: Buch herausnehmen! Aufschlagen auf Seite XY! Laut vorlesen! Wichtiges unterstreichen! Was wichtig war, entschied zumeist die Lehrkraft und sie garnierte das Vorgelesene fallweise mit eigenen Ausführungen. Solcherart fungierte das Lehrbuch tatsächlich als heimlicher Lehrplan. Das Tüpfelchen auf dem i dieser Einfaltspädagogik war mitunter die einleitende Frage: Wo sind wir vorige Stunde stehen geblieben? Daraus ließ sich wohl nicht der leiseste Hauch einer Unterrichtsvorbereitung erahnen. Dass sich gegen diese monotone Methodik kaum nennenswerter Widerstand regte, war wahrscheinlich zu einem Gutteil der lange Zeit unhinterfragten Autorität der Lehrenden zuzuschreiben. Alles längst Geschichte.

Die talentierten SchauspielerInnen und VerwandlungskünstlerInnen innerhalb der Lehrerschaft schaffen es nach wie vor, die ihnen anvertrauten Heranwachsenden im Klassenzimmer durch geschickte Choreografie und Abwechslung bei Laune zu halten, was bei den in der heutigen Event- oder Spaßgesellschaft sozialisierten Teenagern schon einiges an Geschick und Einfallsreichtum abverlangt. Schauspielerische Fähigkeiten sowie nahezu bühnenreifes Agieren in der Unterrichtsgestaltung können selbst in unserer mediengesättigten Zeit, in einer vom visuellen und akustischen „Smog" vernebelten Welt viele Kinder wie Jugendliche noch beeindrucken, zum Mitdenken und Mitmachen stimulieren. Kreative, humorvolle LehrerInnen verstehen es, in verschiedene Rollen zu schlüpfen. Rollenspiele wie auch andere interaktive Verfahren gehören zu ihrem Repertoire. Schulspiel, Theatergruppen, Kreativwerkstätten, Chorgesang, Spielmusik, Tanz oder dergleichen werden bevorzugt von solcherart begabten Personen angeboten.

Zwei weitere, extrem konträre Charaktere bleiben noch zu erwähnen: einerseits die „Guten Kumpel"-Typen sowie andererseits die eher cholerisch veranlagten und zum Zynismus neigenden Lehrenden.

Die Ersteren pflegen einen jovialen, partnerschaftlichen – teilweise schrankenlos lockeren – Umgang mit ihren Schülern und Schülerinnen, die sie weithin gewähren lassen und denen sie gerne das Du-Wort anbieten. Grenzen setzen ist nicht so ihre Sache. Aufgrund ihrer persönlichen Autorität oder einnehmenden Wesensart gelingt es einigen dennoch, brauchbare pädagogische Arbeit zu leisten. Recht häufig ist jedoch zu beobachten, dass den „Kumpels" früher oder später alles aus dem

Ruder läuft. Manche bewahren trotzdem ihre beinahe endlose Geduld. Ein gewisses Phlegma oder ein äußerst belastbares Gemüt sowie eine beträchtliche Lärm- und Chaos-Toleranz sind ihnen oft zueigen.

Die anderen hingegen sind sehr darauf bedacht, sich nicht mit den Kindern oder Jugendlichen auf eine Stufe zu stellen. Häufig haben sie den Hang, die ihnen Anvertrauten aus der lehrenden Position von oben herab zu behandeln. Manche leben auch immer wieder ihre Launen im Klassenzimmer aus. Vor Zornausbrüchen sind sie nicht gefeit. Ironische oder gar spöttische und zynische Worte kommen ihnen wiederholt über die Lippen. Völlig perfid ist es, wenn diese gezielt auf bestimmte schwächere SchülerInnen gerichtet sind, die sich nicht zur Wehr zu setzen verstehen. Solch ein eklatanter Mangel an menschlicher Wertschätzung ist keinesfalls tolerabel.

Der Offenheit halber dürfen wohl auch jene LehrerInnen nicht verschwiegen werden, die offensichtlich ihren Beruf verfehlt haben oder durch schicksalhafte Entwicklungen aus der Bahn geworfen wurden. Sie können einer Schule – den Schülerinnen, Schülern und Eltern, dem Kollegium, der Schulleitung – zur Belastung werden. Solche mitunter hinter vorgehaltener Hand despektierlich als „Wanderpokale" bezeichnete Lehrpersonen werden gerne von Schule zu Schule „weitergereicht". Ein Problemfall, ein „schwarzes Schaf" im Kollegium genügt meist, um das Gefüge ordentlich aus dem Lot zu bringen und das Schulklima negativ zu beeinflussen. Menschlich gesehen ergeben sich für die Betroffenen meistens extrem schwierige Situationen. Gottlob sind es nur Einzelfälle. Tragbar sind sie auf Dauer trotzdem nicht.

Abgesehen von den unterschiedlichen Typen und Charakteren im pädagogischen Feld kann grundsätzlich zwischen den eher unterrichts- und lehrstofforientierten sowie den vorwiegend sozial bewegten Lehrpersonen unterschieden werden.

Beide Haltungen sind anscheinend nicht leicht miteinander zu vereinbaren. Viele betonen die Unterrichtsarbeit als ihr Kerngeschäft, wofür sie auch gut ausgebildet seien. Für sozialpädagogische Betreuung oder Beratung fühlen sich manche weder zuständig noch kompetent. Außerdem wird die fehlende Zeit häufig als Hinderungsgrund ins Treffen geführt. Andere argumentieren dagegen und verweisen auf den Erziehungsauftrag sowie die Dimension der Fürsorge. Umsichtige Schulleitungen bemühen sich um einen Ausgleich und moderieren Konflikte oder Spannungen. Pädagoginnen wie Pädagogen geraten insofern in ein Dilemma, als es laufend schwieriger wird, die vielfältigen und teilweise widersprüchlichen Aufgaben zufriedenstellend zu bewältigen.

So können wir noch jene Lehrkräfte, die sich ausschließlich oder vorwiegend der Unterrichts- und Erziehungsarbeit verschreiben, von denen unterscheiden, die gerne andere schulische Aufgaben – im mittleren Management etwa – übernehmen. Da gibt es solche, die ob ihres Geschickes, ihrer Fähigkeiten von der Schulleitung für bestimmte Funktionen ausgewählt werden, ohne sich aufzudrängen. Andere streben solche „Ämter" gezielt an, um eventuell in den Genuss einer Lehrpflichtermäßigung zu kommen, da ihnen die Arbeit im Klassenzimmer zunehmend schwerfällt oder sie nicht mehr ausfüllt.

Zu einer massiven Belastung des kollegialen Klimas können die latent wohl immer bestehenden Reibungsflächen zwischen engagierten, idealistischen Lehrkräften sowie den eher joborientierten, wenig motivierten und veränderungsresistenten werden, wenn es die Schulleitung nicht versteht, Brücken zu bauen, ausgleichend zu wirken, letztlich alle – ihren Fähigkeiten gemäß – ins System einzubinden. Leitende, deren Sach- und Fachkompetenzen außer Zweifel stehen, können durch individuelle Mitarbeitergespräche und Zielvereinbarungen auch passive, zögernde LehrerInnen gewöhnlich zu mehr Einsatz bewegen.

Zum einen gibt es da jene Pädagoginnen und Pädagogen, die sich bei Reformen rasch „vor den Karren spannen" lassen, ohne sich die Zeit zu nehmen respektive die Mühe zu machen, die Intentionen sowie mögliche Auswirkungen von Innovationen kritisch zu hinterfragen. Mitunter steht dahinter die Absicht, sich zu profilieren, was an und für sich nichts Verwerfliches ist. Im Gegenteil: Wenn dadurch tatsächlich Verbesserungen für die Schule und die pädagogische Arbeit erzielt werden, ist ein solcher Einsatz durchaus wünschenswert. Manche Kolleginnen oder Kollegen engagieren sich aber schlicht aus Freude am Gestalten, aus dem Hang, etwas Neues auszuprobieren. Unreflektiertes und überstürztes Handeln ist jedoch in aller Regel kontraproduktiv. Zum anderen gibt es freilich auch jene Lehrpersonen, die sich von vornherein abwehrend verhalten, sich gegen Veränderungen querlegen, gerne alle Entwicklungsbemühungen abwertend oder negativ beurteilen. Dahinter stehen zumeist Bequemlichkeit und Innovationsscheu. LehrerInnen, die sich gegen Reformen und Wandel sperren, beäugen diejenigen, die sich gestaltend einbringen, nicht selten mit Argwohn und Missgunst. Leicht zugespitzt formuliert stehen sich also auch in der Lehrerschaft ungestüme Erneuerer, dynamische Antreiber oder „Stürmer" – um im Sportjargon zu sprechen – den Bedachten, Zögerlichen oder „Verteidigern" gegenüber. Das Mittelfeld ist breit besetzt mit Leuten, von denen die einen eher defensiv, die anderen eher offensiv orientiert sind.

In dieser Hinsicht ist das von Dan C. Lortie[62] beschriebene „Autonomie-Paritäts-Muster" aufschlussreich. Mit dem APM weist er auf die in traditionellen Schulkulturen verbreitete

---

62 Vgl. Lortie, Dan C.: Schoolteacher. A Sociological Study. Chicago 1975.

Vorstellung hin, dass einerseits der Unterricht ausschließlich in die Verantwortung der Lehrenden falle und andere Personen sich nicht einzumischen hätten („Autonomie") sowie dass andererseits alle Lehrpersonen in ihrer Arbeitsqualität gleich zu behandeln seien („Parität"). Dieses Denkmuster bildet nicht nur ein Hindernis für Schulentwicklung, die wesentlich auf kooperativem Arbeiten beruht, sondern es ist auch offener Kritik im Kollegenkreis nicht gerade zuträglich.

LehrerInnen waren bislang weitgehend EinzelkämpferInnen. Das soll sich nunmehr im Zuge der Implementierung der Neuen Mittelschule durch die erhobene Forderung nach mehr Teamteaching, Teamarbeit, Teamsitzungen ändern. Teamgeist ist gefragt. Gemeinsam in einer Klasse zu stehen, ist sowohl Herausforderung als auch Chance. Gut eingespielte Teams bereichern das Unterrichtsgeschehen. Andererseits bringt eine überzeugende Lehrkraft oft mehr zustande als ein schwaches Team.

Viele Schulkulturen sind noch immer vom Gebot der Gleichheit geprägt. Nach diesem Gleichheitsprinzip haben alle Mitglieder des Kollegiums als gleich (gut) zu gelten und bestehende Unterschiede sollen möglichst nicht sichtbar werden. Ungeschriebene Gesetze sowie stillschweigende Vereinbarungen scheinen sicherzustellen, dass diese Fiktion der Gleichheit nicht angekratzt wird. Unter solchen Voraussetzungen ist es für Einzelne – in abgeschwächter Form auch für Gruppen – durchaus gewagt, sich über das als normal empfundene Maß hinaus durch individuelles Engagement zu exponieren. Sofern der vermehrte Einsatz zudem noch mit offiziellen Funktionen oder Positionen verknüpft ist, werden die Betroffenen mitunter der Wichtigtuerei sowie der Geltungs- und Profilierungssucht bezichtigt. Sich zu profilieren, erscheint so manchen innerhalb schulischer Kultur nach wie vor eher suspekt.

Die kaum vorhandene Strukturierung von Kollegien an unseren Schulen hängt unter anderem auch damit zusammen, dass immer noch viele Lehrkräfte eine stärkere Strukturierung ablehnen. Informelle Gruppen- und Hierarchiebildungen dienen häufig als Ersatz. Schulleitungen müssen diese Phänomene in Konfliktsituationen mitdenken, um geeignete Problemlösungsstrategien zu unterstützen. Sie sind dabei als BeraterInnen gefordert, die nicht direkt Partei ergreifen. Vielmehr sollen sie moderierend und begleitend tätig werden. Vor diesem Hintergrund brauchen Leitende Führungsstärke, Menschenkenntnis, Einfühlungsvermögen und Fingerspitzengefühl in der Auswahl der geeigneten Personen für bestimmte Funktionen im schulischen Gefüge sowie neuerdings für den Aufbau eines mittleren Managements.

Insgesamt weisen die hier geschilderten Sachverhalte auf mangelnde Professionalität sowie ein zu enges, wenig zeitgemäßes Professionsverständnis bei einem erheblichen Teil der Lehrerschaft hin. Das ist bedenklich. Diesbezüglich bedarf es dringend einer Bewusstseinserweiterung. Dazu ist der Hebel bei der Aus- und Fortbildung verstärkt anzusetzen.

Ein Hinweis auf die Lehrkörper an verschiedenen Schulformen mag auf der Folie, dass gewöhnlich generalisierend von „den Lehrern" gesprochen wird, überdenkenswert sein. Nicht zuletzt aufgrund der bislang stark divergierenden Ausbildungskonzepte für Lehrpersonen an Pflichtschulen sowie jener an allgemein- oder berufsbildenden mittleren und höheren Schulen unterscheiden sich die jeweils vorherrschenden Kulturen in diesen Bildungseinrichtungen erheblich. Das jeweilige Selbstverständnis in Pflichtschulen (Volksschulen, Hauptschulen, Neuen Mittelschulen) im Gegensatz zu optionalen Schulen (Gymnasien oder anderen weiterführenden Schulen) prägt ebenfalls die Einstellungen der LehrerInnen. Während im Pflichtschulsektor dem Sozialen, einem entspannten

Klima, der inneren Differenzierung und Individualisierung in der Regel viel Aufmerksamkeit zuteil wird, setzen Gymnasien, Handelsakademien und ähnliche Schulformen andere Schwerpunkte. Sie fokussieren stärker das Fachliche, das Kognitive. Von jeher gelten AHS-Lehrkräfte – auch in der Unterstufe – als stoff- und leistungsorientierter sowie unnachsichtiger in der Beurteilungspraxis. Immer wieder wird etwa den gymnasialen Unterstufen vorgeworfen, dass dort nach wie vor zu viel Druck, Angst und Stress herrsche, was sich mitunter intellektuell oder psychosomatisch negativ auf SchülerInnen auswirke. Die Einschätzung, in welchem Maße das nach wie vor so ist, sei Ihnen aufgrund Ihrer Erfahrungen überlassen.

Durch eine gemeinsame Lehrerbildung sowie eine Integrierte Gesamtschule auf der Sekundarstufe I könnten unter anderem festgefahrene Strukturen, Sichtweisen und Standesdünkel aufgebrochen werden. Eine gemeinsame Schule der Zehn- bis Vierzehnjährigen würde zudem die leidige Nahtstellenproblematik durch die frühe Schulwahlentscheidung nach der Volksschule entschärfen. Damit wäre die Frage, ob alle Kinder dieser Altersgruppe auch in der „richtigen" Schule sitzen, hinfällig. Und das problematische Phänomen der zahlreichen „Rückfluter" – eine unschöne, aber recht gebräuchliche Bezeichnung – von Gymnasien in die Hauptschulen oder Neuen Mittelschulen wäre endlich aus der Welt geschafft. Die Betreffenden, die häufig erst im Laufe der achten Schulstufe – nicht selten erst wenige Wochen vor Semesterschluss – die Schulform wechseln (müssen), sind fast durchwegs „am Boden zerstört". Zu einem so späten Zeitpunkt gelingt es nur schwer, sie aufzufangen und chancenreiche Optionen für den weiteren Bildungsweg zu entwickeln.

Ein Blick auf das österreichische Lehrpersonal offenbart ferner noch zwei problematische Entwicklungen, die bislang viel zu wenig Beachtung fanden: die Überalterung sowie die

Verweiblichung des Lehrberufs. Beide betreffen alle Schulformen, allerdings in unterschiedlicher Ausprägung. Gegenwärtig werden Kinder wie Jugendliche in unseren Schulen vorwiegend von Lehrpersonen im fortgeschrittenen Alter („Großelterngeneration") und da wieder in einem ziemlich einseitigen Verhältnis von Frauen als Bezugspersonen betreut. Insgesamt sind mittlerweile etwa drei Viertel unserer Lehrerschaft weiblichen Geschlechts. Von Schulleitern und Schulleiterinnen wurde in den letzten Jahren mehrfach darauf hingewiesen – etwa auch in der empirischen Studie in Kärnten (a. a. O. 2009) –, dass die Altersstruktur in vielen Schulen denkbar ungünstig ist. Daraus erwachsen dreierlei Probleme. Zum Ersten ergibt sich für die Schüler und Schülerinnen nicht der optimale gemischte Zugang zu Erwachsenen unterschiedlichen Alters. Zum Zweiten ist diese Situation auch für Lehrpersonen nicht ganz einfach, da doch nach vielen Dienstjahren gewisse Verschleißerscheinungen auftreten. Und zum Dritten ergeben sich aus der Überalterung für die Schulleitung zusätzliche Herausforderungen im Teammanagement, insofern es mitunter schwierig wird, die Motivationsebene wie den ganzen Betreib lebendig zu halten. Ziemlich viele Lehrkräfte im fortgeschrittenen Alter sind zudem an der Schule verblieben, an der sie ihre erste Anstellung fanden. Etliche arbeiteten vor ihre „Lebensstelle" wenigstens einige Jahre an einer anderen. Erfahrungen mit verschiedenen Kollegien, Schulkulturen und Schulleitungen wurden auf diese Weise gar nicht oder kaum gemacht. Insgesamt also Voraussetzungen, die Flexibilität, Mobilität, Innovationsoffenheit eher hemmen denn fördern.

Das Problem der Überalterung wird sich durch starke Jahrgänge, die in nächster Zeit in den Ruhestand treten, mittelfristig von selbst lösen. Die Verweiblichung scheint hingegen weiter fortzuschreiten. Von den circa 71.000 Lehrkräften, die an allgemeinen Pflichtschulen unterrichten, sind gut 58.000

Frauen. In den Volksschulen sind Männer kaum noch auf-
zufinden; abgesehen von den Schulwarten oder vereinzelten
Pädagogen. Der Frauenanteil beträgt dort 92 Prozent. Speziell
für Buben – zumal für jene, denen daheim die männlichen
Bezugspersonen abhanden gekommen sind – ist es oft problematisch, wenn diese auch in den Kindergärten und Schulen
weitgehend fehlen. Hier besteht dringender Handlungsbedarf.
Allerdings würde selbst die Mode mit der Quote, also eine
Quotenregelung, hier ins Leere gehen. Dass so viele Frauen
Lehrerinnen werden, hat unter anderem auch mit der recht guten Vereinbarkeit von Beruf und Familie zu tun, wie manche
offen eingestehen. Offensichtlich finden es Männer hingegen
immer weniger attraktiv, Lehrer zu werden – zumal im Pflichtschulsektor. An einer deutlichen Aufwertung des Lehrberufes
führt kein Weg vorbei. Neigen die Herren der Schöpfung in
ihrer Mehrheit doch zu imageträchtigen Professionen.

Als Zwischenresümee halten wir an dieser Stelle fest: Dass
auch im Lehrberuf – wie in der Schulleitung – unterschiedlich
begabte, engagierte und von ihrer Aufgabe überzeugte Menschen am Werken sind, wird wohl niemand ernsthaft bezweifeln. Zudem ist erwiesen, dass sich nicht jeder LehrerInnentyp
für jedes Kind oder jeden Jugendlichen gleichermaßen als
ideal erweist. In unserer offenen, pluralistischen Gesellschaft
mit einer Vielfalt an Werthaltungen und Zielvorstellungen
verschärft sich dieser Sachverhalt zusehends. Dies sollten wir
nicht außer Acht lassen, wenn die gängige Forderung erhoben wird: „Wir müssen alle an einem Strang ziehen!" – An
welchem Strang? Ziehen alle in dieselbe Richtung? Aber in
welche eigentlich? Dies scheinen sich immer mehr Leute im
österreichischen Bildungssystem heute zu fragen.

Widersacher und Hemmschuhe passionierter Lehrkräfte

Der Schweizer Pädagoge Johann Heinrich Pestalozzi, der sich als Schulreformer sah, hat sinngemäß geäußert, dass der Umgang einer Gesellschaft mit ihrer Lehrerschaft viel darüber aussagt, wie ernst sie ihre Jugend nimmt. Und der deutsche Psychiater und Philosoph Karl Theodor Jaspers sieht das Schicksal einer Gesellschaft dadurch geprägt, wie sie ihre LehrerInnen achtet. Wenn dem so ist, sind Politik, Medien sowie Teile der Öffentlichkeit gut beraten, ein wenig in sich zu gehen. Lehrer-Bashing scheint neuerdings zu einem beliebten „Gesellschaftsspiel" geworden zu sein. Ein sehr gefährliches Unterfangen. Gerade im Zuge der Verhandlungen zum neuen Dienstrecht wurden Pädagogen wie Pädagoginnen verstärkt mit Zuschreibungen wie Suderanten, Halbtagsbeschäftigte, Minderleister oder anderen Klischeekeulen konfrontiert. Da LehrerInnen dieser Tage gerne an den Pranger gestellt werden, erwehren sich viele nicht des Eindrucks, sich immer öfter rechtfertigen und ihre Autorität im Umgang mit Schülerinnen, Schülern, Eltern, Schulbehörden sowie der Öffentlichkeit beweisen zu müssen. Ein Umstand, der viel Substanz kostet und sich auf Dauer negativ auswirkt. Dem muss Einhalt geboten werden!

Die zahlreichen Probleme im Schul- und Bildungssystem sind nicht zuletzt Symptome zunehmender Verunsicherung und Ratlosigkeit. Dass so viele das nicht erkennen oder verleugnen, ist bezeichnend. Lehrkräfte können ein Lied davon singen. Sie werden nicht nur sprichwörtlich im Regen stehen gelassen, sondern zudem noch aus allerlei Richtungen angeschüttet. Schließlich ist man ja selbst lange genug zur Schule gegangen, um als „Experte", als „Expertin" durchzugehen. Pädagogen wie Pädagoginnen finden derzeit kaum irgendwo

Rückhalt. Sie sind die bevorzugten Sündenböcke unserer Tage. Es ist leicht und billig, eine von der Öffentlichkeit genau beobachtete Berufsgruppe pauschal zu diffamieren, ihr zugleich die Schuld für alles, was in der Gesellschaft schiefläuft, aufzuladen. Damit beruhigen die anderen ihr mitunter schlechtes Gewissen und erteilen sich selbst die Absolution. Ein unhaltbarer Zustand, der uns nur noch tiefer ins Dilemma führt. Populistische PolitikerInnen, seichte, tendenziöse Medien, falsche Experten oder heuchlerische Expertinnen entlarven sich mittelfristig als Scharlatane. Hetzerische Kampagnen erweisen sich längst als kurzschlüssiger Aktivismus. Das Image, den Ruf, das Ansehen des Lehrerstandes zu besudeln, stellt einer aufgeklärten Gesellschaft kein gutes Zeugnis aus. All die genannten Widersacher von engagiert arbeitenden Lehrern und Lehrerinnen sind eingeladen, den Umgang mit der Pädagogenzunft etwa am Beispiel der skandinavischen Länder zu studieren.

Wenn lang dienende Lehrkräfte einen Blick zurückwerfen, so fällt auf, dass im Vergleich zu früheren Zeiten einerseits die Aufgabenvielfalt beträchtlich zugenommen hat und andererseits die Erwartungen der Anspruchsberechtigten immer stärker divergieren. Die Aufgabenüberfrachtung sowie die gestiegenen, teils widersprüchlichen Anforderungen erschweren die schulische Arbeit erheblich. Zumal engagierte Pädagoginnen und Pädagogen, die sich bemühen, allen Herausforderungen gerecht zu werden, stoßen häufig an ihre Grenzen. Die energie- und nervenzehrende Arbeit treibt manche ins Burnout, andere schrammen nahe daran vorbei. In solch dramatischen Situationen reichen auch die – dem Lehrerstand oft vorgehalten – langen Ferien meist nicht mehr zur Erholung hin. Die Beobachtung, wonach vorwiegend passionierte Lehrkräfte vom Burn-out-Syndrom – einem chronischen Erschöpfungszustand samt seiner physischen wie psychischen

Folgeerscheinungen – betroffen sind, ist unschwer nachvollziehbar. Sie identifizieren sich besonders stark mit ihrem Beruf und stellen einen hohen moralischen wie qualitativen Anspruch an die eigene Arbeit. Folglich versuchen sie, selbst unter problematischen Arbeitsbedingungen, alle Erwartungen bestmöglich zu erfüllen.

Beispielhaft seien hier nur zwei widersprüchliche Aufgaben angesprochen, die Lehrpersonen heute meistern sollen: die angemessene Vorbereitung der SchülerInnen auf weiterführende Schulen, auf ein Studium oder den Berufseinstieg einerseits sowie die inzwischen vermehrt notwendige sozialpädagogische Betreuung und Unterstützung andererseits. Kein Wunder, dass Lehrerinnen wie Lehrer mitunter das Gefühl haben, zwischen den Stühlen zu sitzen. In den auslaufenden Hauptschulen, aber auch in den Neuen Mittelschulen wird dieser doppelte Anspruch immer virulenter. Problematische gesellschaftliche Entwicklungen und die Inklusion haben die Situation verschärft. Wie damit umgegangen wird, hängt nicht unwesentlich von der Haltung der Schulleitung sowie der Schulaufsicht ab. Letztlich ist aber wieder die Bildungs- und Gesellschaftspolitik am Zug. Im nächsten Kapitel komme ich darauf noch einmal zurück.

Eine besondere Ungereimtheit tut sich rund ums „Wissen" auf. Ist Wissen heute noch gefragt? – Einerseits wird argumentiert, Wissensvermittlung sei nicht mehr so wichtig, da das Wissen schnell veraltere. Man könne ja ohnehin alles flugs aus dem World Wide Web abrufen. Andererseits jedoch wird die Bedeutung von Wissen mit der Formel „Wissen ist Macht" nach wie vor betont. Obwohl gegenwärtig eigentlich viel mehr von „Informationen" gesprochen wird. Informationen sind alles. Informationsvorsprung ist entscheidend. Also was nun? – Sokrates, ein höchst gebildeter Mann, konnte ob seines reichen Wissens in aller Demut zur Erkenntnis gelangen: Ich weiß, dass ich nicht weiß. Wohlgemerkt vor dem Hintergrund des überhaupt Erkenn- und Wissbaren. In unserer sogenannten Wissens- oder Informationsgesellschaft wissen viele wenig. Daher können sie kaum in aller Bescheidenheit zur Einsicht kommen, dass sie nicht(s) wissen. – Vor dem Hintergrund des heute Wissbaren.

Bisweilen hört man die Redensart: Was ich nicht im Kopf habe, habe ich in den Beinen. Wo wird man das, was man nicht im Kopf hat, künftig haben? Wohl in den Tipp- und Scroll-Fingern, mit denen die modernen Speicher- und Kommunikationsmedien flott bedient werden. Auch wem das zu polemisch beschrieben ist, wird zugeben müssen: Häufig weiß die eine Hand nicht, was die andere tut; wissen die einen nicht, was die anderen wollen. Ja, was soll man eigentlich wollen? – Immer mehr Menschen scheinen von dieser Unsicherheit geplagt. Viktor E. Frankl hat dafür eine Erklärung: „Im Gegensatz zum Tier sagen dem Menschen keine Instinkte, was er muss, und im Gegensatz zum Menschen von gestern sagen dem Menschen von heute keine Traditionen mehr, was er soll. Nun, weder wissend, was er muss, noch wissend, was er soll, scheint er oftmals nicht mehr recht zu wissen, was er im Grunde will. So will er denn nur das, was die anderen tun – Konformismus. Oder aber er tut nur das, was die anderen wollen – von ihm wollen – Totalitarismus." [63]

Es wird wohl auch weiterhin nicht schaden, möglichst viel Wissen im Kopfe zu haben. Sofern vernetztes Lernen und vernetztes, systemisches Denken als wichtige Bildungsziele auf einer höheren kognitiven Komplexitätsstufe erkannt werden, gibt es keine Alternative zur Wissensvermittlung. Denn: Wer vernetzt lernen will, muss über Wissen verfügen, das vernetzt werden kann. Wer vernetzen will, muss zunächst unterscheiden,

---

63 Frankl, Viktor E.: Das Leiden am sinnlosen Leben. Psychotherapie für heute. Freiburg /Basel/Wien 2009, S. 13.

Differenzen wahrnehmen und prüfen, was zusammenpasst. Wer systemisch denken will, muss auch logisch-linear denken können. Wohlgemerkt: Die isolierte Vermittlung von reinem Faktenwissen, von abprüfbarem „Stoff" (Stichwort „Nürnberger Trichter") ist nicht zielführend. Wir werden in unserem Medien- und Informationszeitalter ohnehin ständig mit Informationen geradezu überschüttet; was übrigens nicht zwingend einen Informationszuwachs bedeutet, vielmehr kann sogar das Gegenteil eintreten. Nicht wenige Zeitgenossinnen und Zeitgenossen scheinen häufig „over-newsed, but under-informed" zu sein. Was wir brauchen sind prozessorientiertes Lernen, exemplarisches Lernen, aktiv mitgestaltendes Lernen, soziales Lernen, dialogisches Lernen, vernetzendes Lernen, ganzheitlich-ökologisches Lernen. Diese Ansätze gilt es zu fördern und auszuweiten. Trotzdem wird hoffentlich niemand bestreiten, dass Wissen eine lebenspraktische und lebensdienliche Funktion hat. Wissen ermöglicht erfolgreiches Handeln. Sinnvolles Wissen ist vernetztes, in Zusammenhänge eingebettetes Wissen. Ein solches ist von pflichtbewussten Lehrkräften zu vermitteln.

Ein Hemmschuh, der das Wirken passionierter, kritischer Lehrerinnen und Lehrer neuerdings einzuengen droht, ist die übertriebene Vermarktung von Schule, ja der regelrechte Ausverkauf von Schule. – Wie ist das doch gleich bei einem Ausverkauf? Wird da nicht alles reduziert, also billiger hergegeben? Diese Tendenz zeichnet sich – entgegen aller Lippenbekenntnisse zur Leistungsschule – auch in unserem öffentlichen Schulsystem ab. Unbestritten ist, dass sich Bildungsinstitutionen in Zeiten wie diesen in der Öffentlichkeit profilieren und wirksam repräsentieren müssen. Imagepflege, Außenöffnung, Transparenz sowie Rechenschaftslegung sind angesagt. Aber: Verkaufen sollte man sich nicht lassen – weder als Schule noch als Lehrperson. Denn: Wer sich verkaufen lässt, ist und bleibt verkauft.

Die oberflächlichen Inszenierungen, die Spiegelfechtereien in der Bildungslandschaft sind für InsiderInnen kaum mehr zu ertragen. Die immer kurzfristiger und wechselhafter erfolgenden Vorgaben, Verordnungen oder Weisungen lösen oft nur noch Kopfschütteln aus. Die bildungspolitischen „Schnellschüsse" und „Kurzschlüsse" sind nicht mehr nachvollziehbar. Wo ist das übergeordnete Ziel, wo ein schlüssiges Gesamtkonzept? Auf Unverständnis an der Basis treffen ferner zunehmend die überhasteten, oberflächlichen Reformvorhaben, die nicht annähernd bis zur Wurzel reichen. Die fortlaufenden Schulversuche mit den sie begleitenden Evaluierungen ermöglichen den Bildungsverantwortlichen scheinbar, Entscheidungen „ewig" vor sich herzuschieben, weil die Bereitschaft, der Mut für tief greifende Veränderungen fehlt. Auch hier drückt viele Pädagogen und Pädagoginnen gewaltig der Schuh.

Ebenso wird die ausufernde Verwaltungsbürokratie allen Schulleuten immer mehr zur Plage. Unser Bildungssystem ist ein Musterbeispiel für die zunehmende Bürokratisierung. Der Siegeszug der elektronischen Datenverarbeitung (EDV) hat – entgegen der ursprünglichen, vielleicht ein wenig blauäugigen Erwartung – keine bürokratische Entlastung gebracht, sondern im Gegenteil neue Schleusen der Informations-, Erlass- und Erhebungsflut geöffnet. Immer mehr Erlässe sowie Verordnungen überschwemmen die Schulen. Laufend werden irgendwelche Erhebungen von unterschiedlichen Behörden – von der Schulaufsicht bis hin zum Ministerium – eingefordert, wobei es nicht selten zu einer unverständlichen und Ärgernis erregenden Redundanz der erhobenen Daten kommt. „Schulen am Netz" war übrigens eines der bestgesponserten Schulprojekte der letzten Zeit. Da in Österreich sogar die Unterrichtserteilung in den öffentlichen Schulen als Verwaltungsakt betrachtet wird, erfassen die bürokratischen Auswirkungen und Auswüchse nicht nur schulische Aufsichts- und

Leitungskräfte, sondern auch die alltägliche Erziehungs- und Unterrichtspraxis, somit alle LehrerInnen sowie SchülerInnen. Das verursacht Unbehagen. Immer häufiger wird daher die überbordende Bürokratisierung der Schule kritisiert, weil sie die Pädagogik behindere. Bei aller zulässigen Kritik ist trotzdem zuzugeben, dass wir zwar immer wieder unter bürokratischen Strukturen leiden, aber auch von ihnen profitieren. Auf das richtige Maß kommt es eben an.

Zu hinterfragen wäre ferner, ob man in Pädagogik und Erziehung tatsächlich beinahe für jeden „Rülpser" eine empirische Bestätigung, eine wissenschaftliche Untermauerung, die Rückendeckung durch Expertinnen oder Experten sowie die zeitgeistige Absegnung benötigt. Gegenwärtig ist auch diesbezüglich die Neigung zu maßloser Übertreibung festzustellen. Drückt sich darin etwa ein gewisses Misstrauen dem Lehrpersonal gegenüber aus? Eine Ausgewogenheit zwischen theoretischem Überbau und der praktischen Arbeit in der Schulstube wäre wieder anzustreben. Erfahrung gepaart mit gesundem Menschenverstand sowie pädagogisches Geschick und Einfühlungsvermögen punkten immer.

SchulleiterInnen wie Schulaufsichtspersonen, die mangels Charisma und persönlicher Autorität ihre Amtsautorität hervorkehren, somit ihre Vorgesetztenrolle betonen, machen gestandenen, idealistischen Lehrpersonen mitunter das Schulleben schwer. Entscheidungsschwäche, inkonsequente, zögerliche Arbeitsweise, Freunderlwirtschaft, unfaires Taktieren, Anordnen oder Delegieren, fehlende Fach- und Richtlinienkompetenz sowie andere Führungsdefizite wirken sich auf die Schulkultur wie auf die Schulqualität fatal aus. Laut Anton Strittmatter[64] braucht eine professionelle Führungs-, Lern- und Arbeitskultur – was leicht nachvollziehbar

---

64 Vgl. Strittmatter, Anton: a. a. O. 2006, S. 18.

ist – Verbindlichkeit und Nachhaltigkeit. Scheingefechte oder Potemkin'sche Fassaden sind ebenso verpönt wie Zieldiffusität und absehbare Überforderungen durch zu weit respektive zu hoch gesteckte Ziele. Sofern Termine, Zusagen, Konzessionen nicht verlässlich eingehalten werden, gefällte Entscheidungen oder Planungen im Regelfall nicht halten, gehen Sicherheit, Vertrauen, Berechenbarkeit verloren.

Auch im schulischen Kontext hat zwar jeder Mensch das Recht auf seine Eigenheiten, aber auch die Pflicht, seine Talente, seine Fähigkeiten einzubringen. SchulleiterInnen müssen alle Mitarbeitenden ins Boot holen und sie möglichst wirksam einsetzen. Leitung hat unter anderem mit Anleitung zu tun. Authentizität sowie Integrität im Sinne von Unbescholtenheit und Unbestechlichkeit sind für Führungskräfte unerlässlich. Sie dürfen sich weder von Interessenverbänden noch von Eltern- oder Lehrergruppen instrumentalisieren lassen. Leitende dürfen sich keinesfalls auf die Seite einer Gruppe gegen eine andere stellen. Sie müssen vielmehr den Ausgleich suchen und dafür sorgen, dass sich das Kollegium nicht in verschiedene Fraktionen aufspaltet, was zumal in großen Schulen ein hoher Anspruch ist.

Wer Sachkompetenz in allen Belangen der Schulleitung sowie pädagogische Fähigkeiten in sich vereint und zudem über sozial-emotionale Intelligenz verfügt, wird auch in schwierigen Situationen Übersicht bewahren und Rückgrat zeigen. So jemand bringt auch eher den Mut auf, anachronistische Tabus zu brechen, Neues zu wagen und unsinnige Grenzen zu überschreiten. Durch eine kreative Auslegung von Vorschriften, dem geschickten Ausnützen von Soll- und Kann-Bestimmungen, von Ermessensspielräumen sowie durch das Erschließen von rechtlichen Nischen können Barrieren – in den Köpfen wie in den Regelwerken – allmählich abgebaut, somit der Horizont erweitert werden. Mit den nötigen Kenntnissen sowohl im Verwaltungs- als auch im Schulrecht kann die Schulleitung Gesetze, Verordnungen oder Verwaltungsrichtlinien so interpretieren und handhaben, dass sie zur bestmöglichen Umsetzung des Unterrichts- und Erziehungsauftrages sowie zur Erreichung der Bildungsziele beitragen. Mangelt es an rechtlichem Wissen, stehen Leitungskräfte auf tönernen Füßen. Sicherheit und Halt für die Schulgemeinschaft werden solcherart nicht gewährleistet.

Die Leitung ist wesentlich dafür verantwortlich, welcher Leistungsanspruch und welche Leistungskultur an einer Schule herrschen. In unserer zur Verwöhnung neigenden Gesellschaft wird die Institution Schule immer mehr zu einem geschützten Raum innerhalb der aktuellen Lebenswirklichkeit. Zumal im Pflichtschulsektor zeigt sich, trotz zunehmender Öffnung nach außen, eine bedenkliche Diskrepanz zwischen Leben und Schulleben, wo es möglichst leicht-lustig-lässig zugehen soll. „Edutainment" – eine Wortschöpfung aus „Education" und „Entertainment" – ist angesagt. Die Berufswelt, in die unsere SchülerInnen über kurz oder lang eintreten werden, ist aber alles andere als eine geschützte Werkstätte. Ungeachtet dieser Tatsache neigen viele Eltern – wiewohl auch vermehrt Lehrpersonen – dazu, Kinder wie Jugendliche zu verwöhnen, zu verhätscheln, zur Passivität zu verleiten. Konfliktkultur und Problemlösekompetenz werden weder geübt noch gelernt. Selbstwirksamkeit wird nicht erfahren; Selbstwert kann nicht aufgebaut werden. Wenn wir den uns anvertrauten jungen Menschen nichts zutrauen, ihrem Potenzial nicht vertrauen, entmündigen wir sie. Verwöhnung ist Entmutigung, ja Entmündigung pur. Wir müssen sie fördern und fordern, sonst werden sie unsicher, unselbstständig, lebensschwach. Je mehr Eltern, Großeltern, Kolleginnen oder Kollegen der Verhätschelungspädagogik erliegen, desto spürbarer wird sie erfahrenen, konsequenten Lehrpersonen zum Hemmschuh. Den solcherart behandelten Kindern und Jugendlichen wird sie mitunter nach der Pflichtschule zum Stolperstein. Wir brauchen stattdessen Förderkultur sowie Ermöglichungspädagogik.

Apropos fördern und fordern: Als heikler Punkt erweisen sich heutzutage die Beurteilungspraxis und die Notengebung. Negative Zensuren sind in Zeugnissen tunlichst zu vermeiden. So die Botschaft vonseiten der Schulaufsicht und vieler Schulleitungen. Eltern steigen bei einem „Nicht genügend" ohnehin in aller Regel auf die Barrikaden und mobilisieren gegen die jeweilige Lehrperson. Um sich all den Zores zu ersparen, neigen immer mehr Kolleginnen sowie Kollegen dazu, auch unverdienterweise ein „Genügend" zu geben, also – im Klartext – zu schenken. Während sich die einen um diese Bezeichnung allerdings herumwinden, geben es andere im Kollegenkreis offen zu. Jene SchülerInnen, die sich bis dahin redlich um eine positive Note bemüht haben, finden es ungerecht, wenn letztlich ohnehin alle – ob verdient oder unverdient – ein „Genügend" im Zeugnis stehen haben. Folglich ist auch ihre Motivation sich anzustrengen in vielen Fällen dahin. Die Spirale dreht sich weiter nach unten.

Damit man mich nicht missversteht: Ich bin erstens der Meinung, dass negative Noten im Zeugnis nur berechtigt sind, wenn vorher alle Möglichkeiten der Förderung voll ausgeschöpft und die Eltern zeitgerecht in die Problematik eingebunden wurden, wie es übrigens auch in der österreichischen Leistungsbeurteilungsverordnung festgelegt ist. Zweitens erscheint es mir – gelinde gesagt – suspekt, wenn heute die Überzeugung lanciert wird, die Lehrkraft müsse irgendwie versagt haben, falls sie es für nötig hält, in Ausnahmefällen eine Schülerin oder einen Schüler negativ zu beurteilen. Eine Groteske unseres Zeitgeistes. Und drittens ist das Wiederholen einer Schulstufe als unsinnig abzulehnen. Vielmehr wäre eine Art Modulsystem einzuführen, das es ermöglicht, die

Versäumnisse und Defizite in einem oder mehreren Fachbereichen, die zu einer negativen Beurteilung führten, aufzuarbeiten. Jedenfalls spottet das derzeitige Herumlavieren jeder Beschreibung. Entweder die bestehende fünfstufige Notenskala wird wieder ernster genommen oder sie wird durch eine vierstufige Skala ohne „Nicht genügend" ersetzt. Alles andere ist Makulatur.

Einige rechtliche Überlegungen zur Benotung scheinen angebracht. Zunächst ist klarzustellen, dass die Noten keine Zahlen, sondern Ziffern sind. Diese haben Symbolcharakter. Was die Ziffern aussagen, ist in den Beurteilungsstufen der Leistungsbeurteilungsverordnung[65] verbalisiert. Da die Verbalisierungen hinter den Noten in der Öffentlichkeit kaum bekannt sind, werden sie hier wortwörtlich wiedergeben:

Mit „Sehr gut" (1) sind Leistungen zu beurteilen, mit denen der Schüler die nach Maßgabe des Lehrplanes gestellten Anforderungen in der Erfassung und in der Anwendung des Lehrstoffes sowie in der Durchführung der Aufgaben in weit über das Wesentliche hinausgehendem Ausmaß erfüllt und, wo dies möglich ist, deutliche Eigenständigkeit beziehungsweise die Fähigkeit zur selbstständigen Anwendung seines Wissens und Könnens auf für ihn neuartige Aufgaben zeigt.

Mit „Gut" (2) sind Leistungen zu beurteilen, mit denen der Schüler die nach Maßgabe des Lehrplanes gestellten Anforderungen in der Erfassung und in der Anwendung des Lehrstoffes sowie in der Durchführung der Aufgaben in über das Wesentliche hinausgehendem Ausmaß erfüllt und, wo dies möglich ist, merkliche Ansätze zur Eigenständigkeit beziehungsweise bei entsprechender Anleitung die Fähigkeit zur Anwendung seines Wissens und Könnens auf für ihn neuartige Aufgaben zeigt.

---

65 Leistungsbeurteilungsverordnung: StF: BGBl. Nr. 371/1974.

Mit „Befriedigend" (3) sind Leistungen zu beurteilen, mit denen der Schüler die nach Maßgabe des Lehrplanes gestellten Anforderungen in der Erfassung und in der Anwendung des Lehrstoffes sowie in der Durchführung der Aufgaben in den wesentlichen Bereichen zur Gänze erfüllt; dabei werden Mängel in der Durchführung durch merkliche Ansätze zur Eigenständigkeit ausgeglichen.

Mit „Genügend" (4) sind Leistungen zu beurteilen, mit denen der Schüler die nach Maßgabe des Lehrplanes gestellten Anforderungen in der Erfassung und in der Anwendung des Lehrstoffes sowie in der Durchführung der Aufgaben in den wesentlichen Bereichen überwiegend erfüllt.

Mit „Nicht genügend" (5) sind Leistungen zu beurteilen, mit denen der Schüler nicht einmal alle Erfordernisse für die Beurteilung mit „Genügend" erfüllt.

So gesehen sind die Ziffernnoten mit ihrem Symbolcharakter eine Form der verbalen Leistungsbeurteilung, auch wenn die Verbalisierungen hinter den Ziffern stehen. Die allgemeinen Beschreibungen zu den Ziffern in der Leistungsbeurteilungsverordnung legen fest, in welchem Ausmaß der wesentliche Lehrstoff erfasst und welcher Grad an Eigenständigkeit bei der Anwendung des Lehrstoffs in den Leistungen der Schülerin oder des Schülers festgestellt wurde. Die Ermittlung der Noten ist letztlich ein Begutachtungsverfahren, dem die Expertise der Lehrkräfte zugrunde liegt.

Die Einführung einer differenzierten Leistungsbeurteilung in der siebenten und achten Schulstufe nach vertiefter sowie grundlegender Allgemeinbildung verursacht derzeit in den Neuen Mittelschulen Kopfzerbrechen und Ärger. Während in der Beurteilungspraxis in der fünften und sechsten Schulstufe der bisherige Modus beibehalten wird, erfolgt die Leistungsbeurteilung in den differenzierten Pflichtfächern Mathematik,

Deutsch, Englisch in der siebenten und achten Stufe nunmehr anhand einer siebenteiligen Notenskala. Abgesehen davon, dass es für eine derartige Ausdifferenzierung international keinen Vergleich gibt, ist diese Konstruktion weit hergeholt, zudem völlig unausgegoren. Jedenfalls tut sich hier wieder ein weites Experimentierfeld auf, das Lehrpersonen viel Energie abverlangt. Ich plädiere dafür, diesen überflüssigen Modus möglichst rasch wieder abzuschaffen. Irgendwelche Ideen am Schreibtisch auszuhecken, ist eine Sache; sie vernünftig umzusetzen eine andere. Auch diesbezüglich drückt verantwortungsbewusste LehrerInnen derzeit der Schuh.

Die seit geraumer Zeit kolportierten Argumente, wonach schlechte Ergebnisse oder Zensuren demotivierend seien und sich auf die Persönlichkeitsbildung nachteilig auswirkten, treffen auf offene Ohren. Dagegen argumentiert unter anderen Grant Wiggins.[66] Er betont, dass es nicht respektvoll gegenüber Kindern und Jugendlichen sei, wenn schlechte Ergebnisse schöngeredet würden. Es gehe vielmehr darum, dass alle Lehrkräfte die Wichtigkeit, ja die Notwendigkeit von Entschlossenheit in der pädagogischen Arbeit erkennen. Ehrlichkeit in der Leistungsrückmeldung basierend auf transparenten Zielen, Erwartungen und Kriterien sei unerlässlich. Schülerinnen wie Schüler, deren Leistungsergebnisse weit unter den Erwartungen blieben, dürften nicht aus falsch verstandener Güte oder Nachsicht mit besseren Noten versorgt werden, als dies ihre (nicht) erworbenen Kompetenzen zulassen würden. Ich teile Wiggins' Anspruch an die Leistungsbeurteilungspraxis, der lautet: fair, aber doch ehrlich.

Wie ist das eigentlich heute gemeint, wenn von strengen Lehrern oder Lehrerinnen gesprochen wird? – Sind es nicht zumeist authentische, geradlinige, strukturiert arbeitende

---

66 Vgl. Wiggins, Grant: Educative Assessment: Designing Assessments to Inform and Improve Student Performance. San Francisco 1998, S. 116.

und konsequent das Nötige einfordernde Leute, die an einer nachvollziehbaren, leistungsgerechten, ehrlichen Beurteilung festhalten? Ist streng nicht im Normalfall ein Gegensatz oder Gegengewicht zu nachlässig, inkonsequent, nachgiebig? Bedeutet streng vielleicht auch, den Fähigkeiten von Kindern und Jugendlichen zu vertrauen und ein entsprechendes Anspruchsniveau aufrechtzuerhalten? Kollegen wie Kolleginnen, die alles schleifen lassen, boykottieren jede sachliche, zielgerichtete pädagogische Arbeit. Insofern werden sie zum Problem für die Schule und engagierten, konsequenten Lehrkräften zu Widersachern. Den Kindern und Jugendlichen leben sie ein zweifelhaftes Modell vor. Immer wieder neigen SchülerInnen dazu, erkannte Schwächen oder Inkonsequenzen von Lehrpersonen auszunützen. Das darf man ihnen wohl nicht zum Vorwurf machen. Aber wenn sie ausfällig oder renitent werden, müsste ihnen umgehend Einhalt geboten werden. Dazu fehlen Pädagoginnen wie Pädagogen gegenwärtig wirksame Sanktionsmöglichkeiten. Ein bedenkliches Faktum. Selbst bei argen Provokationen und unflätigen Beschimpfungen sind ihnen weitgehend die Hände gebunden. Kaum überraschend, wenn da Kolleginnen oder Kollegen gelegentlich die Contenance verlieren. Obwohl menschlich durchaus verständlich, wird dies aber kaum toleriert, sondern äußerst übel genommen.

Weitere Belastungsfaktoren, die im Schulleben stark zunehmen, sind Lärm und Stress. Sofern nicht in neuerer Zeit errichtet, wurden unsere Schulgebäude seit Maria Theresia im als zweckmäßig angesehenen Kasernenstil erbaut. Manche argwöhnen, dass unsere Gefängnisse mitunter mehr Lebensqualität bieten als viele alte Schulen. Jedenfalls lassen sowohl die Bausubstanz als auch die Innenausstattung oft sehr zu wünschen übrig. Lärmdämmende Maßnahmen sind so gut wie nicht vorhanden. Die Betonwände, die großen Hallen, breiten Gänge und Stiegenhäuser verstärken den Schall enorm. Sie verleiten viele SchülerInnen außerdem zum Laufen, Schreien und Herumtollen. Der Lärmpegel steigt immer häufiger bis zum Unerträglichen. Zumal älteren Semestern wird die fortdauernde Lärmbelastung zu einem starken Stressfaktor. Die ständige Bestrahlung durch den übermäßigen Elektrosmog in unseren Schulen soll zumindest nicht unerwähnt bleiben.

Was das allerorten festgestellte und beklagte Sinken des Leistungsniveaus in den Schulen angeht, bedarf es dringend einer Ursachenanalyse. Ansonsten kommt es, wie derzeit weit verbreitet, zu unbedachten Schuldzuweisungen, die uns nicht weiterbringen. Die Sekundarstufe I bemängelt gerne die Defizite der Schülerklientel, die sie aus der Volksschule erhält, die Sekundarstufe II jene der SchülerInnen, die aus der Sekundarstufe I aufsteigen. Die Hochschulen und Universitäten wundern sich ob des Bildungsniveaus so mancher Maturantinnen wie Maturanten. Und die Arbeitgeber und Lehrherren sind vielfach mit ihren Lehrlingen weit weniger zufrieden als früher einmal. Was ist los mit unseren Schulen? – Hier ist weder der Ort für ein schnelles Urteil noch für Schuldzuschreibungen. Einige Gedanken, die mich in dieser Frage schon eine Zeit lang beschäftigen, seien dennoch in den Raum gestellt, um eine ernsthafte Debatte anzuregen. Bisweilen entsteht der Eindruck, dass diese Problematik von den Bildungsverantwortlichen auf allen Ebenen zu wenig ernst genommen wird. Zumindest sind kaum konkrete Lösungsansätze in Sicht.

Zum einen wäre der Einfluss der modernen Kommunikationsmedien auf das Konzentrationsvermögen und Lernverhalten heutiger SchülerInnen gründlich zu untersuchen sowie die richtigen Schlüsse daraus zu ziehen. Das SMS- oder WhatsApp-Schreiben kommt häufig einer Vergewaltigung der Sprache gleich. Das teilweise Untergraben der Kulturtechniken Schreiben und Lesen wurde zu lange bagatellisiert. Der sekundäre Analphabetismus nimmt erschreckend zu, Sinn erfassendes Lesen wird immer weniger beherrscht. Aber auch beim Kopfrechnen und den Grundrechnungsarten hapert es immer mehr. Da diese problematischen Entwicklungen zunehmend beklagt werden, kündigt sich langsam ein Umdenken an. Alle möglichen Ursachen für diese Phänomene sind aufzuspüren. Die sich in unserer Gesellschaft ausbreitende Abneigung gegen Regeln, Gebote und Verbote macht auch vor den Schulen nicht halt. Sie äußert sich dort unter anderem im Ignorieren von Verhaltens-, Rechen-, Grammatik- oder Rechtschreibregeln.

In den Grundschulen werden die Kulturtechniken Lesen, Schreiben, Rechnen oft zu überhastet vermittelt und nicht mehr ausreichend geübt, gefestigt. Da immer mehr Inhalte sowie Sachgebiete in die Grundschulen getragen werden, stehen die VolksschullehrerInnen unter Druck und Zugzwang. Die Integration von Kindern mit Handikaps wie auch solcher mit ausländischem Hintergrund fordert sie ebenfalls. Wie schon der Schulname ausdrückt, sollte man sich dort wieder auf Grundlegendes besinnen und sich dafür ausreichend Zeit lassen können. Vom familiären Umfeld ist mitunter wenig Unterstützung zu erwarten. Etlichen Kindern fehlen daheim die lernenden oder lesenden Vorbilder, die sie anleiten und fördern. Bücher – so sie überhaupt vorhanden sind – dienen häufig nur noch zur Dekoration. Die Lesekultur ist schwach ausgeprägt. Lesen verkommt immer mehr zu einer Nischenbeschäftigung. Über das Blättern in einer Tageszeitung, in diversen Zeitschriften und allenfalls dem Herumstöbern im Internet, langt es oft nicht hinaus.

Zum anderen ist vor der Gefahr einer sich selbst erfüllenden Prophezeiung zu warnen. Eine stark steigende Zahl von Lehrpersonen meint inzwischen, von den Schülerinnen und Schülern nicht mehr viel verlangen zu können. Sie seien nicht mehr so leistungswillig und leistungsfähig wie früher. Dass sich eine niedrige Erwartungshaltung nachteilig auf das Verhalten von Kindern sowie Teenagern auswirkt, sollten Pädagoginnen und Pädagogen nicht übersehen. Jugendliche erkennen meist klar, was von ihnen eingefordert wird, wo sie auskommen und wo nicht. Folglich sind wir in der schulischen Arbeit angehalten, unser Anspruchsniveau nicht ständig weiter abzusenken, sondern den Heranwachsenden konsequent eine angemessene Leistung abzuverlangen. Selbstverständlich ist dabei differenzierend auf das individuelle Vermögen Rücksicht zu nehmen. Wenn das nur wenige passionierte Lehrkräfte tun, erweisen sich die lauen und nachlässigen auch hier als bremsende Widersacher.

Die Schulpartnerschaft ist, sofern sie von allen Schulpartnern ernst genommen und gelebt wird, aus dem heutigen Schulleben nicht mehr wegzudenken. Viele Eltern nützen die Gelegenheit – ihren Möglichkeiten gemäß –, mit der Schulleitung sowie den Lehrpersonen gemeinsam für einen erfolgreichen Bildungsweg ihrer Kinder Sorge zu tragen. Andere allerdings missverstehen und missbrauchen diese Partnerschaft als bloße Interventionsplattform in egoistischer Manier. Zunehmend mischen sich Eltern in die Arbeit von Lehrkräften ein, üben Kritik oder beanstanden schlechte Noten. Manchmal mag dies zu Recht geschehen, in der Mehrzahl der Fälle übersteigen sie damit jedoch klar ihre Kompetenzen. Gegen negative Zensuren wird inzwischen ohnehin gleichsam reflexartig an höherer Stelle Einspruch erhoben. Die Schulaufsicht kann ein Lied davon singen, beanspruchen solche Interventionen doch viel von ihrer Zeit und Energie. Von einer bestimmten Elternklientel – keineswegs nur aus bildungsferneren Schichten – wird Kritik häufig unsachlich vorgebracht oder werden ungerechtfertigte Vorwürfe erhoben, ohne sich über die tatsächlichen Sachverhalte zu informieren.

„Helikoptereltern" oder „Gluckenmütter" schweben – metaphorisch gesprochen – ständig über ihren Kindern oder setzen sich behütend auf sie. Ihre Schützlinge werden mit allen Mitteln unterstützt und alle Hindernisse werden ihnen aus dem Weg geräumt. Das ist gut gemeint, aber falsch. Manche neigen dazu, ihre Söhne und Töchter in Watte zu packen und undifferenziert nur von der Schokoladenseite zu sehen. Daher verteidigen sie diese mit „Zähnen und Klauen", selbst wenn sie im Unrecht sind. Schuld sind stets die anderen. Mit solchen Eltern ist es nur schwer möglich, ein Gespräch auf sachlicher Ebene zu führen. Dass vor allem engagierte, konsequente LehrerInnen, die von ihrer Linie auch unter Druck nicht abrücken, zum Reibebaum solcher Eltern werden, lässt sich unschwer nachvollziehen. Von falschen Unterstellungen oder Verleumdungen bis hin zu glatten Lügen werden mitunter alle Register aus der untersten Schublade gezogen. Gegenwärtig müssen sich Lehrpersonen immer häufiger mit solch elterlichen Widersachern auseinandersetzen. Anstatt sich gemeinsam mit dem Lehrerteam um eine erfolgreiche schulische Entwicklung ihrer Sprösslinge zu bemühen, versuchen sie lieber den Lehrkräften irgendetwas ans Zeug zu flicken. Dabei werden gelegentlich Personen gegeneinander ausgespielt. Selbst mit Drohungen wird gearbeitet. Hin und wieder beklagen Kolleginnen oder Kollegen, dass Elternteile sich sogar dazu versteigen, ihnen zeigen zu wollen, wo es langgeht. Ein solch rüdes Verhalten entbehrt jeglicher Wertschätzung und des nötigen Respekts.

Dann sind da jene Eltern, die ihre Erziehungsverantwortung gerne auslagern oder ihren Nachwuchs einfach gewähren lassen, mit allen negativen Folgen. Aus Kindern, die zu viel dürften, würden gewöhnlich Jugendliche, die zu wenig könnten. So fasste ein erfahrener Volksschuldirektor im kollegialen Kreis seine langjährigen Beobachtungen zusammen. Auf erzieherische Begleitung und Anleitung kann nicht verzichtet werden. Für Kinder wie Jugendliche ist es immer ideal, wenn verlässliche weibliche und männliche Bezugspersonen vor Ort sind. Eine vater- oder mutterlose Gesellschaft wäre über kurz oder lang wohl dem Untergang preisgegeben. Eltern müssen wieder Eltern sein und ihre Vater- respektive Mutterrolle ernst nehmen. Sie haben ihre Verantwortung in der Erziehung der eigenen Kinder wahrzunehmen, ihnen – symbolhaft ausgedrückt – Nestwärme und eine ordentliche Kinderstube zu bieten. Keine noch so erfahrene Expertin, kein noch so kluger Experte können ihnen die Erziehungsbeauftragung und die Letztverantwortung abnehmen, auch wenn der üppig florierende Ratgebermarkt sowie das einschlägige Expertentum dies suggerieren mögen. Die weitgehende Institutionalisierung der Kindererziehung, wie sie gegenwärtig aus durchsichtigen Motiven angestrebt wird, kann man begründet problematisch finden. Kinderkrippen, Krabbelstuben, Horte, Kindergärten oder Tagesmütter können nicht alle vorhandenen Defizite in der Erziehung wettmachen. Schulen können nur unterstützend tätig sein. Selbst ganztägige Formen der Betreuung werden daran nichts ändern. Darüber sollte Konsens herrschen, egal wo sich jemand gesellschaftspolitisch verortet oder weltanschaulich beheimatet fühlt.

Eltern müssen sich ihren Kindern liebe- und verantwortungsvoll zuwenden, nicht zuletzt um sie in reflektierter Weise absichtsvoll zu erziehen. Erziehung ist vor allem Beziehung. Als Erziehende müssen wir uns wieder stärker auf unser Gefühl, unsere Erfahrung sowie unseren gesunden Menschenverstand verlassen und entscheiden, was uns wirklich wichtig ist. Diese Entscheidung bedarf weder der Wissenschaft noch der zahlreichen Erziehungsratgeber oder irgendwelcher schlauer Expertisen, die in aller Regel nur zur weiteren Verunsicherung beitragen. Gerade in einer pluralen, dynamischen

Transformationsgesellschaft, in der es zahlreiche konkurrierende Ziele und Werte gibt, müssen *wir* den Heranwachsenden vorleben, was *uns* sinn- und wertvoll ist. Dies gilt zu allererst für Eltern, aber ebenso für Schulleute in ihrer Vorbild- wie Erzieherrolle.

Die aufgezeigten Sachverhalte erschweren passionierten Pädagoginnen und Pädagogen gegenwärtig zunehmend ihre schulische Arbeit, fallweise auch das Leben. Offensichtlich haben sie auf zeitgeistige (bildungs)politische Fehlentwicklungen kaum Einfluss; noch können sie durch ihr pädagogisches Wirken problematische gesellschaftliche Erscheinungen auffangen. Alle sind aber aufgerufen, nicht unreflektiert und stillschweigend jeden Unsinn hinzunehmen. Haltet der Gesellschaft den Spiegel vor! Und vergesst nie: Euer vorgelebtes Beispiel bleibt allemal gefragt. Darin liegt die Saat, die vielleicht später aufgehen wird.

Wacht auf!

In der österreichischen Schullandschaft ist bei aller stichhaltigen Kritik nach wie vor auch Erfreuliches, Bewährtes und Herzeigbares zu finden. Vielerorts wird trotz Aufgabenüberfrachtung mit Engagement, Verstand und Herz der Schulalltag bewältigt. Letztlich können Schulen aber – wie an anderer Stelle näher ausgeführt – nicht auf Dauer besser sein oder mehr leisten als das Bildungs- und Gesellschaftssystem, in dem sie eingebettet sind. Daher mein Appell zu einer vernünftigen Umgestaltung unseres Schulsystems etwa nach skandinavischem Vorbild. In diesen Ländern wurde zu Beginn der Siebzigerjahre des vorigen Jahrhunderts jeweils ein nationaler Bildungskonsens erarbeitet. Wir haben schon zu viel Zeit und Geld vergeudet. Österreich leistet sich zwar ein recht teures Bildungssystem, aber die Ressourcen werden selten zielführend und nachhaltig investiert. Viel versickert, ohne die Schulen zu erreichen. Wie anhand einiger Beispiele aufgezeigt wurde, fließen viele Millionen Euro in falsche Kanäle respektive in zweifelhafte, hinterfragbare Projekte. Der Rechnungshof hat mehrfach nachgewiesen, dass es mitunter an Transparenz und Kostenwahrheit mangelt. Einsparungen könnten unter anderem durch die Auflösung des BIFIE sowie die Rückführung seiner Agenden ins Bildungsministerium erzielt werden. Zu Lasten der Schulen zu sparen, ist jedenfalls verantwortungslos kurzsichtig.

Klar ist, dass man Schulsysteme nicht eins zu eins von einem Land auf das andere übertragen kann. Auf gewachsenen Strukturen und Organisationsformen zu verharren, wenn sie starr und verkrustet der gesellschaftlichen Wirklichkeit nicht mehr entsprechen, ist aber fahrlässig. Während es Bewährtes zu erhalten, ja auszubauen gilt, müssen wir Gewohntes aufgeben, wo es nicht mehr trägt. Solange Bildungsverantwortliche dies nicht erkennen (wollen) und so weiterbasteln wie bisher (Stichwort „Patchwork-Politik"), werden wir weiter abdriften, sodass Österreich über kurz oder lang schweren Schaden erleiden wird. Damit die hier geschilderten Fakten, Phänomene und Entwicklungen nicht weiterhin bagatellisiert werden, müssten die VerantwortungsträgerInnen schleunigst mit offenen Augen und Ohren in die Schulen gehen, um sich vor Ort ein unvoreingenommenes Bild von der Situation zu machen. Vonseiten der Schulleitungen dürfte ihnen keinesfalls – wie es leider allzu oft geschieht – ein geschöntes, inszeniertes, vorgefertigtes Schulgeschehen präsentiert werden, das die Unterrichtsarbeit in den Schulstuben kaum zeigt oder verfälscht widerspiegelt.

Manches, was derzeit rund um Schulen und Bildung aufgeführt wird, gleicht einem riskanten Trapezakt ohne sicherndes Netz. Das „Pferd" wird mitunter von hinten aufgezäumt. Es wimmelt geradezu von Meinungsmachern, Wichtigtuern und Inszenierungskünstlern, die sich alle für ausgewiesene Bildungsexperten oder -expertinnen halten, jedoch häufig weder fundiertes praxisrelevantes Hintergrundwissen noch den notwendigen schulbezogenen Durchblick besitzen. Daher hätten in der Diskussion um Schule und Bildungsauftrag Pädagoginnen wie Pädagogen vermehrt Stellung zu beziehen. Außerdem sollten sie erkannte Missstände oder Fehlentwicklungen endlich in den bildungs- und gesellschaftspolitischen Diskurs, somit ins Bewusstsein der Öffentlichkeit tragen.

Unangemessene Forderungen wären deutlich zurückzuweisen. SchulleiterInnen sowie Schulaufsicht, die Einblick in die Ausbildungs-, Fortbildungs- und Arbeitssituation von Lehrkräften haben (sollten), können die Belastbarkeit des Lehrpersonals durch teils erweiterte, teils neue Aufgaben praktisch einschätzen. Gemeinsam mit dem Dienstgeber wäre zu prüfen, welche Tätigkeiten und Anforderungen professionskonform zumutbar sind respektive welche vorhersehbar zu Überforderungen führen. LehrerInnen müssen sich wieder auf ihre pädagogischen Kernaufgaben konzentrieren können. Dazu sind sie von administrativen und dokumentarischen Tätigkeiten zu entlasten. Für solche Aufgaben braucht es an Schulen das nötige Unterstützungspersonal. Die Bildungsverantwortlichen hätten sich zu fragen, wozu der ganze Dokumentationsfuror eigentlich gut sein soll. Beinahe alles wird heute analysiert, tabellarisiert, dokumentiert. Steckt die Weisheit in Benchmarks, Excel-Tabellen und Statistiken? Tut sich zwischen Dokumentationen, die Sachverhalte meistens geschönt und zu theoretisch abbilden, sowie Praxisergebnissen nicht eine Kluft auf? Hat der gesunde Menschenverstand in Bildungsfragen vollends ausgedient? Geht nicht der Blick für das Wesentliche verloren? Im österreichischen Bildungssektor wird viel Papier – das bekanntlich geduldig ist – produziert. In der Umsetzung hapert es allerdings häufig.

In komplexen, dynamischen, wertpluralen Gesellschaften werden aus unterschiedlichen Werthaltungen, Perspektiven und Zielsetzungen von den jeweiligen Anspruchs- und Interessengruppen zunehmend recht divergierende, nicht selten widersprüchliche Erwartungen an die Schulen herangetragen, die sie geschickt ausbalancieren müssen. Dadurch ergeben sich immer mehr Zielkonflikte. Komplexe, vielschichtige Probleme vermag die Schule alleine nicht zu lösen. Dazu bedarf es eines breiten Dialogs sowie der Mitarbeit aller Anspruchsgruppen. Die ganze Gesellschaft muss ihren Teil an Verantwortung übernehmen. Sie darf die Schule nicht, wie es derzeit geschieht, zur Ablagerungs- und Entsorgungsstätte für alle gesellschaftlichen Probleme, Widersprüche oder krisenhaften Entwicklungen machen. Weder kann sie als Lückenbüßer für alles herhalten, was in einem Gemeinwesen falsch läuft; noch taugt sie als Wundermittel oder Heilsbringer für alles und jedes. Unsere Gesellschaft ist auf eine konstruktive, vernünftige Bildungspolitik angewiesen. Vice versa ist Bildungspolitik zweifellos auch Gesellschaftspolitik. Sie steht somit im Spannungsfeld unterschiedlicher soziokultureller wie ökonomischer Interessen.

Selbst wenn sich die meisten dagegen verwahren werden, ist klar festzuhalten: Vielen Bildungsverantwortlichen in Politik und Verwaltung fehlt es fernab von der Praxis an Realitätssinn. So werden mittlerweile von Schulleitungen sowie von Lehrkräften Dinge abverlangt, die kritisch und objektiv besehen kaum in der erforderlichen Qualität leistbar sind. Schulleute sind gegenwärtig – ob sie es sich selbst eingestehen oder nicht – durch die vielfältigen Aufgabenzuschreibungen und übermäßigen, teils fachfremden Ansprüche schlichtweg überfordert. Das hat nichts mit Wehleidigkeit oder Bequemlichkeit zu tun, sondern einfach damit, dass sowohl die menschliche Leistungsfähigkeit als auch die Bandbreite beruflicher Qualifikationen ihre Grenzen haben. Ein neues Bewährungsfeld, in dem sich Leitungs- und insbesondere Lehrkräfte zunehmend befinden, besteht darin, völlig unterschiedliche Ziele erreichen zu müssen. So wird es etwa laufend schwieriger, beide Aufgaben – einerseits die angemessene Vorbereitung der SchülerInnen auf weiterführende Schulen, auf ein Studium oder den Berufseinstieg, andererseits die dringend notwendige sozialpädagogische Beratung, Betreuung und Unterstützung – gleichermaßen zu bewältigen. Verstärkte Zusammenarbeit und Vernetzung mit anderen Professionsfeldern und Institutionen wie der Sozialen Arbeit, der Schulpsychologie, der Jugendhilfe, dem Arbeitsmarktservice sind unabdingbar. Einerseits müssen Leitende wie Lehrende durch eine zielgerichtete Aus- und Weiterbildung auf solch neue Herausforderungen besser vorbereitet werden. Defizite liegen in dieser Hinsicht offen zutage. Andererseits müssten die Schulen – wie in anderen

Staaten längst umgesetzt – endlich Supportpersonal erhalten, um sicherzustellen, dass alle SchülerInnen ihren Fähigkeiten sowie Bedürfnissen entsprechend tatsächlich bestmöglich betreut werden können.

In dieser Hinsicht lieferte die TALIS-Studie interessante Aufschlüsse. Dabei geht es um eine Erhebung der Arbeitsbedingungen, Unterrichtsmethoden, Einstellungen und Schulressourcen von Lehrkräften mit dem Fokus auf Schulen der Sekundarstufe I. Laut den vom BIFIE[67] publizierten Ergebnissen der OECD-Vergleichsstudie TALIS (Teaching and Learning International Survey) vom Jahr 2008 bildet Österreich bei der Versorgung sowohl mit Unterstützungskräften im pädagogischen Feld (Schulpsychologie, SozialarbeiterInnen, Beratungslehrkräfte etc.) als auch mit administrativem Personal (Administratoren, Administratorinnen, Sekretariatskräfte etc.) das Schlusslicht unter den 17 an der Erhebung beteiligten OECD/EU-Ländern. Um den OECD-Schnitt beim Supportpersonal zu erreichen, müssten bei uns etwa 13.500 Fachkräfte zusätzlich den Schulen zur Verfügung gestellt werden. Skandinavische Verhältnisse erreichten wir erst mit noch einmal rund 10.000 Unterstützungskräften mehr. Sofern man vonseiten der Bildungspolitik internationale Vergleiche als wichtig erachtet und daran teilnimmt, sollte man auch die richtigen Schlüsse daraus ziehen.

Ein aufschlussreiches Detail am Rande: Die damals zuständige Unterrichtsministerin Claudia Schmied sagte die Teilnahme an der TALIS-Studie 2013 ab. Sie rechtfertigte ihre Entscheidung im Zuge einer dringlichen Anfrage im Parlament mit den Argumenten, die Untersuchung sei sehr kostspielig, sie untersuche nur den Sekundarbereich und der Erkenntnisgewinn einer neuerlichen Befragung sei gering. Dem widersprachen die

---

67 Vgl. BIFIE-Report: Nationaler deskriptiver Bericht zur TALIS-Studie 2008. April 2010.
    Auf: http://www.bifie.at/talis

beiden vormaligen Direktoren des BIFIE Günter Haider und Josef Lucyshyn der „Presse" gegenüber vehement. Die Studie hätte sehr wohl neue Aufschlüsse gebracht und wäre zudem verhältnismäßig preisgünstig gewesen. Dem BMUKK wären keine zusätzlichen Kosten entstanden. Haider sieht ausschließlich politisch motivierte Gründe für die Absage. Bei einer Sitzung zwischen dem Ministerium und dem BIFIE habe Sektionschef Nekula geäußert, man wäre doch nicht dumm, der Lehrergewerkschaft neuerlich Argumente zu liefern. Da die Gewerkschaft bei den zu dieser Zeit laufenden Verhandlungen zum neuen Lehrerdienstrecht unter anderem massiv mehr Supportpersonal für die Schulen einforderte, wäre das BMUKK bei einem ähnlichen Ergebnis wie 2008 ganz schön unter Zugzwang geraten.[68] Soweit die Auseinandersetzung um die TALIS-Studie 2013. Taktieren scheint mitunter seriöse Bildungspolitik zu konterkarieren.

Bezüglich der Kompetenzaufteilung und dem Ressourceneinsatz ist offensichtlich einiges faul im Bildungshause Österreich. Wenn man sich die Mühe macht zu recherchieren, gehen einem die Augen auf. Der Kompetenzwirrwarr führt neben anderen Absurditäten dazu, dass der Bund zwar für die Bezahlung des Lehrpersonals an Pflichtschulen zuständig ist, beim LehrerInneneinsatz aber gar nichts mitzureden hat. Dieser ist Ländersache. Und alljährlich überziehen diese prompt die paktierten Stellenpläne, wodurch dem Bund Mehrkosten von etwa 30 Millionen Euro per anno erwachsen. So sind laut Auskunft des Ministeriums beispielsweise im Schuljahr 2012/13 circa 1.840 Lehrkräfte mehr als vorgesehen angestellt worden, wobei die Quoten je nach Bundesland stark schwankten. Bisher wurde das augenzwinkernd toleriert. Im Zuge der geforderten Sparmaßnahmen wollte die vormalige

---

68 Vgl. Neuhauser, Julia: Schmied sagte Studie „aus politischen Gründen" ab. In: „Die Presse" vom 2. 7. 2013. Auf: http://diepresse.com/home/bildung/schule/1425779/print.do

Bildungsministerin Gabriele Heinisch-Hosek diesen Missstand beheben. Sie entschloss sich, die Länder per Verordnung dazu zu zwingen, sich entweder an die vereinbarten Stellenpläne zu halten oder bei Überschreitung empfindliche Ausgleichszahlungen an den Bund zu leisten. Anstatt wie bislang üblich für die sogenannten „Überhang-Lehrer" nur jeweils das Gehalt eines (billigeren) befristet angestellten Junglehrers zu refundieren, sollte ab 1. September 2014 zumindest das Durchschnittseinkommen eines Landeslehrers für die überzogenen Posten rückerstattet werden. Sofern die Länder weiterhin mehr Lehrpersonen einsetzten, um etwa den sonderpädagogischen Förderbedarf flächendeckend zu gewährleisten oder den Fortbestand kleinerer Schulen im ländlichen Raum zu sichern, hätte sie das nunmehr um etwa 50 Prozent mehr gekostet als bisher. Wie zu erwarten war, stieß die Ressortchefin dabei in typisch österreichischer Manier auf heftigen Widerstand der Landeshauptleute, sodass sie die Verordnung schließlich wieder zurückzog.

Der Rechnungshof hat in den letzten Jahren Fakten und Zahlen veröffentlicht, die alle Landsleute nachdenklich stimmen müssten. Allein die Ausgaben des BMUKK für die Modellversuche der Neuen Mittelschule beliefen sich in den Schuljahren 2008/09 bis 2011/12 auf rund 114 Millionen Euro. Beträchtliche Kosten entstanden ferner für die NMS-Entwicklungsbegleitung, die seit 2012/13 von einem externen Unternehmen auf das „Bundeszentrum für lernende Schulen" (ZLS) übergegangen ist. Für die Öffentlichkeitsarbeit und die Bewerbung der Neuen Mittelschule beauftragte das BMUKK eine PR-Agentur. In den Schuljahren 2008/09 bis 2011/12 gab es dafür rund 1,82 Millionen Euro aus.

Unverständlich ist, dass zur Zeit der Gebarungsüberprüfung vom November 2012 bis März 2013 die Curricula für die Ausbildung der Lehramtsstudierenden (Sekundarstufe I) noch nicht an die Erfordernisse der Neuen Mittelschule adaptiert waren, obwohl die NMS schon im März 2012 zur Regelschule wurde.

Völlig absurd muten die Doppelgleisigkeiten, Ineffizienzen und Zielkonflikte an, die sich aufgrund der verfassungsrechtlich komplexen Kompetenzverteilung sowie der fehlenden Übereinstimmung von Aufgaben-, Ausgaben- und Finanzierungsverantwortung im österreichischen Schulsystem fortlaufend ergeben. So unterliegen beispielsweise die Hauptschulen oder Neuen Mittelschulen und die AHS-Unterstufen unterschiedlichen Trägern und Regelungen. Während für die Pflichtschulen alle Gebietskörperschaften – Bund, Länder, Gemeinden sowie Schulgemeindeverbände – in verschiedener Hinsicht zuständig sind, ist mit allen Aspekten der AHS und BMHS ausschließlich der Bund befasst. Diese Kompetenzzersplitterung wirkte sich nachteilig auf die NMS-Modellversuche und den verschränkten Personaleinsatz (Hauptschul- und AHS- oder BMHS-Lehrkräfte) aus, wie der Rechnungshof in seinem Bericht bemängelte.[69]

Zwar sollen die neu zu schaffenden Bildungsdirektionen künftig die Bundes- und LandeslehrerInnen gemeinsam verwalten, aber ansonsten bleibt eine vernünftige Kompetenz- und Strukturbereinigung im Schulwesen weiterhin überfällig. Ob der unlängst von manchen angedachte Weg, dass sich der Bund aus der Schule zurückzieht und die Führung den Ländern überträgt, der richtige ist, möchte ich bezweifeln. In einem kleinen Land wie Österreich gehören alle Bildungsagenden in die Hand des Bundes. Die von einigen politischen Kräften – allen voran einflussreiche Landeshauptmänner – geforderte „Verländerung" der Schulverwaltung und somit des österreichischen Schulsystems bleibt ohne die

---

69 Vgl. Rechnungshofbericht: Modellversuche Neue Mittelschule. Vorlage vom 12. Dezember 2013. Reihe Salzburg 2013/09, S. 1-18.

dazugehörige Steuerhoheit eine Schimäre. Diese Hoheit muss und wird wohl auch beim Bund verbleiben. Allerdings wäre dieser neben der Steuerungs- und Richtlinienkompetenz auch in seiner umfassenden Finanzierungsverantwortung wieder stärker in die Pflicht zu nehmen. Budgets spiegeln bekanntlich den in Zahlen gegossenen politischen Willen wider. Nur in Sonntagsreden über die Wichtigkeit von Bildung zu räsonieren, entbehrt jeder Glaubwürdigkeit und Vernunft. Erst die gesetzten Handlungen lassen erkennen, wie ernst Politiker oder Politikerinnen Bildung nehmen.

Im Zuge einer zweckmäßigen Verwaltungsreform könnte unter anderem auch der Gesetzesdschungel durchforstet und gelichtet werden. Einige Gesetze wären schlicht überflüssig. In unserer Republik sind allein unter dem Begriff Schulrecht zumindest zehn Gesetze subsumiert: vom Schulorganisationsgesetz und Schulunterrichtsgesetz über das Schulpflichtgesetz, Schulzeitgesetz, Beamten-Dienstrechtsgesetz und Landeslehrer-Dienstrechtsgesetz, über das Pflichtschulerhaltungs-Grundsatzgesetz, Bundesschulaufsichtsgesetz, Privatschulgesetz bis zum Religionsunterrichtsgesetz – sowie die ihnen zugeordneten Erlässe, Verordnungen, Weisungen und Verfügungen, die inzwischen Legion sind. Dazu kommt in Kärnten wie im Burgenland noch das jeweilige Minderheiten-Schulgesetz. Darüber steht gleichsam das Bundesverfassungsgesetz, das auf den 1. Oktober 1920 zurückreicht und oftmals novelliert wurde.

Die beträchtlichen Geldsummen, die im Bildungswesen allein in den letzten Jahrzehnten für allerlei Experimente, Prestigeprojekte oder auch für zahlreiche Gutachten und Expertisen „verbraten" wurden, wären für eine hoch qualitative Lehrer-, Schulleiter- und Schulaufsichtsbildung, für den Aus- und Neubau von zeitgemäßen Schulgebäuden mit entsprechender Ausstattung sowie für die Bereitstellung von qualifiziertem

Supportpersonal weit sinnvoller, weil nutzbringender, verwendet worden. Erst solche gebündelten und koordinierten Maßnahmen brächten den notwendigen, herbeigesehnten Bildungsschub für unsere nachwachsenden Generationen mit sich. Dann müssten jene, die sich dazu genötigt fühlen, nicht länger mit einem flauen Gefühl im Magen auf PISA oder andere internationale Vergleichsstudien hinschielen.

Wenn man die Klagen von den Universitäten, den Lehrherren, den Personalchefs, von kritischen Bürgerinnen und Bürgern ob der SchulabgängerInnen ernst nimmt, so scheint die Kluft zwischen der realen Berufswelt, in der zunehmend Konkurrenzdruck und Wettbewerbsgesinnung herrschen, sowie der gelebten Schulwirklichkeit, wo vielfach Nachsicht, Verwöhnung, Überbehütung an der Tagesordnung stehen, fortlaufend größer zu werden. Dieser Befund trifft auf Pflichtschulen stärker zu als auf optionale Schulen. Klagen ob des Leistungsverfalls vonseiten vieler Lehrkräfte werden bislang schlicht ignoriert. Die Bildungs- sowie die Gesellschaftspolitik scheuen sich beharrlich, der Realität ins Auge zu blicken. Die Verantwortlichen kaschieren, beschwichtigen, täuschen über die wahren Probleme hinweg. Ob ihrer Ratlosigkeit flüchten sie in kurzfristigen, kontraproduktiven Reform-Aktionismus, dass es der Pädagogenzunft schwindelt. Im Kollegenkreis werden diese bedenklichen Entwicklungen zwar beklagt und kritisiert. In der Öffentlichkeit halten sich die derzeit bevorzugten Sündenböcke der Gesellschaft aber zu dieser Misere eher bedeckt, wohl in der Vorahnung, auch dafür hauptverantwortlich gemacht zu werden.

Für immer mehr Jugendliche gestaltet sich der Einstieg ins Berufsleben oder in weiterführende Schulen schwierig. Er ist nicht selten mit einem unguten, bisweilen zu spät kommenden, Aha-Erlebnis verbunden. Während manche scheitern, schaffen andere gerade noch die Kurve. Verwöhnung wie

Überbehütung erweisen sich stets als fatales erzieherisches Fehlverhalten. Wir dürfen nicht alle Aufgaben, Schwierigkeiten, Konflikte für unsere Kinder und Jugendlichen lösen. Noch sollten wir ihnen jeden Wunsch erfüllen. Vertrauen in die eigenen Fähigkeiten, Selbstständigkeit, Problembewusstsein, Konfliktfähigkeit, Impulskontrolle, Aufschub- und Frustrationstoleranz können so nicht lernend aufgebaut werden. Was die Heranwachsenden allerdings brauchen, ist unsere Aufmerksamkeit, wertschätzende Zuwendung sowie wohlwollende Ermutigung zur Eigenverantwortlichkeit. Widmen wir ihnen wieder mehr Zeit zum Zuhören und für Gespräche.

Sowohl in der familiären als auch in der schulischen Erziehung bedarf es verlässlicher Leitlinien, Grundsätze, Eckpfeiler. Eltern, Erziehende sowie Lehrpersonen dürfen nicht – Gummiwänden gleich – zurückweichen, wenn Kinder oder SchülerInnen anrennen, um ihre Grenzen auszuloten, abzutasten. Erziehung muss wieder ernst genommen werden. Die um sich greifende Erziehungsverunsicherung, -resignation und -verweigerung ist zu überwinden. Das zeitgeistige Gerede von den erziehlichen Selbstregulierungskräften der Kinder ist eine Mär. Jene, die Erziehung als unwichtig, unwirksam oder überflüssig erklären, sind schlicht unglaubwürdig. (Bildungs-)Politik, Elternhäuser und Schulleute müssen gemeinsam dafür sorgen, dass unsere Nachwachsenden nicht verblendet und schlecht vorbereitet an einer sinnvollen Gestaltung ihres Lebens oder an den vielfältigen Anforderungen der Wissens-, Leistungs- und Wettbewerbsgesellschaft scheitern. Eine Entwöhnung von der Verwöhnung tut Not![70]

Schon Johann Wolfgang von Goethe forderte zwei Dinge, die Eltern ihren Kindern mitgeben sollen, nämlich Wurzeln und Flügel. Junge Menschen müssen starke Wurzeln

---

70 Ich habe auf diese Problematik schon mehrfach hingewiesen; etwa auch in meinem Buch „Die scheinheilige Allianz" (a. a. O. 2015).

entwickeln, um fest gegründet in der Welt zu sein und in bewegten, stürmischen Zeiten des Lebens bestehen zu können. Im Heranwachsen sollen Jugendlichen dann auch Flügel wachsen, die es ihnen ermöglichen, in die Freiheit ihrer selbst verantworteten Existenz aufzuschwingen, ihre Visionen, Vorstellungen und Träume zu verwirklichen. Eltern, die selbst entwurzelt und flügellahm sind, wird es schwerlich gelingen, ihrem Nachwuchs Wurzeln sowie Flügel mitzugeben. Lehrpersonen haben nach besten Kräften ihren Beitrag zu leisten. Wir alle tragen Verantwortung für die Zukunftschancen unserer Kinder und Jugendlichen. Diese dürfen nicht schon in den Elternhäusern und Schulstuben durch Illusionen, Idealisierungen oder Realitätsverlust aufs Spiel gesetzt werden. Daher ist der hier aufgezeigten Tendenz schleunigst entgegenzuwirken, von allen Involvierten in ihrem Einflussbereich.

Schulen sind keine Inseln. Sie haben begonnen, sich nach außen zu öffnen und Öffentlichkeit mitzugestalten. Dabei dürfen sie ihre ureigensten Aufgaben nicht vernachlässigen: Unterricht, Bildung, Erziehung. Eine Schlüsselfrage der nächsten Jahre wird meines Erachtens darin bestehen, ob es endlich gelingen wird, einen gemeinsamen Nenner für die zwei gegensätzlichen Auffassungen von Schule zu finden: Schule als Unterrichtseinrichtung sowie Schule als sinnstiftenden Lern-, Erfahrungs- und Lebensraum in einer fruchtbaren Synthese und Balance zu verwirklichen. Neben der Sicherstellung eines guten Unterrichts muss Schule für Kinder und Jugendliche verstärkt ein Erfahrungsraum werden, in dem sie sich einigermaßen wohl und zu Hause fühlen, in dem sie forschen, experimentieren, entdecken können. Dazu bedarf es unter anderem einer sozial-ökologischen Perspektive. Der Schulstandort wie die Schularchitektur und die Ausstattung beeinflussen die Möglichkeiten einer Schule. Sie seien der „dritte Pädagoge", sagen manche, um deren Bedeutung herauszustellen.

Zum einen sind Schulleitungen angehalten, soweit es in ihrer Macht liegt, für eine entsprechende Ausgestaltung des Schulgebäudes Sorge zu tragen, sodass bestmögliche Arbeits- und Lernbedingungen gegeben sind, aber auch eine angenehme Atmosphäre entstehen kann. Zum anderen ist die Politik in ihre Pflicht zu nehmen. In dieser Hinsicht wurden neben Versäumnissen auch grobe Fehler begangen. Die finanziellen Mittel für einen bedarfsgerechten Aus- und Neubau von Schulen unter einer sozial-ökologischen Perspektive sind aufzubringen – zumal viele Kinder wie Jugendliche durch sozioökonomische Entwicklungen künftig noch mehr Zeit in solchen Häusern des Lernens zubringen werden. Wissenschaftliche Erkenntnisse sind endlich ernst zu nehmen und im Schulbau zu berücksichtigen. Helmut Fend[71] hat bereits vor Jahrzehnten empirisch nachgewiesen, dass in großen Schulen mit einer hohen Dichte an Personen, zumal wenn diese in einer vom „industrial design" geprägten Architektur gebaut sind, kaum eine Atmosphäre der Geborgenheit aufkommen kann. Das nötige Maß an stabilen Sozialbeziehungen, das Vertrautheit und Vertrauen ermöglicht, wird unter solch ungünstigen Bedingungen nicht aufgebaut. Wohlbefinden sowie Freude am gemeinsamen Lernen, Forschen und Experimentieren werden in so einem Klima ebenso wenig gefördert wie Eigenmotivation oder Teamgeist.

Längst überfällige Aufklärungsarbeit ist zum wichtigen Thema Motivation in der Schule zu leisten. Ein realistischer Blick auf die Bedeutung von intrinsischer Motivation und die Möglichkeiten der viel beschworenen Motivierung wirkt erhellend. Bislang wird vielfach so getan, als ob man SchülerInnen motivieren könnte und laufend motivieren müsste. Die Forschungslage, die das längst relativiert hat, wird schlicht

---

71 Vgl. Fend, Helmut: Theorie der Schule. München/Wien/Baltimore 1980, S.252f.

ignoriert. Lehrkräfte sind ja in dieser Hinsicht in Aus- und
Fortbildung nahezu indoktriniert worden. Wie Reinhard K.
Sprenger[72] ausführt, gebe es bislang keine Studie weltweit,
die eine dauerhafte Leistungssteigerung durch Motivierung,
durch Anreizsysteme nachgewiesen hätte. Kurzfristige Wirkungen oder Momenterfolge mögen zwar erzielbar sein. Auch
dass Kinder etwas den Eltern zuliebe tun oder SchülerInnen
mitunter „für den Lehrer/ für die Lehrerin lernen" – zumal
in der Volksschule – steht wohl auf einem anderen Blatt.
Nach den vorliegenden Erkenntnissen scheint die Annahme
naheliegend, dass man zwar demotivieren, aber nicht aktiv
motivieren könne. Alle Motivierungsstrategien seien so gesehen kontraproduktiv. Für den deutschen Führungsexperten
ist das System der Motivierung schlichtweg methodisiertes
Misstrauen. Motivierung sei und bleibe Fremdsteuerung und
somit Manipulation. Daraus folgt, dass alle Motivierung die
(Eigen-)Motivation zerstöre und alles Motivieren eigentlich
Demotivieren sei. Die Motivation muss letztlich aus jeder
Person selbst erwachsen. Allerdings können in Kindergärten,
Schulen und anderen Bildungseinrichtungen sehrwohl geeignete Rahmenbedingungen sowie ein förderliches Umfeld
für ein eigenmotiviertes Denken und Handeln aller Beteiligten geschaffen werden. Dafür sind Schulleute in ihrem
jeweiligen Zuständigkeitssegment verantwortlich. Übrigens:
Intrinsische Motivation wird bei Lernenden vor allem durch
Eingebunden-Sein, Erfolg und Eigenständigkeit geweckt.
Hoffentlich fassen diese Erkenntnisse bald überall Fuß – insbesondere in der Lehrerbildung. Für Lehrende brächte es eine
gewisse Entlastung, wenn sie sich nicht für alle Lerndefizite
ihrer SchülerInnen schuldig fühlten oder dafür verantwortlich gemacht würden.

---

72 Vgl. Sprenger, Reinhard K.: a. a. O. 2007. S. 12, S. 24, S. 32, S. 42 und S. 73.

Schule steht gegenwärtig, wiewohl auch künftig unter Bewährungsdruck und Legitimationszwang wie nie zuvor. Die Kritik wird nicht verstummen. Sachkritik ist berechtigt, ja notwendig. Als Bildungs- und Sozialisationsinstanz bleibt Schule unverzichtbar. Auch wenn Schule immer noch die wichtigste Bildungsinstitution ist, werden lebenspraktische, soziale sowie berufliche Kompetenzen wieder zunehmend in außerschulischen Kontexten erworben. Andererseits wird Schule mittlerweile zum bedeutendsten Ort der gesellschaftlichen Integration. Pädagogik ist heute mehr denn je auf Vielseitigkeit und Idealismus angewiesen. Schulleitungen wie Lehrerkollegien brauchen Ideale und Visionen – „geteilte" Visionen als Leitbilder des Handelns –, aber auch flexible Strukturen sowie verlässliche Rahmungen. Reinhard K. Sprenger[73] warnt allerdings davor, Vision als zeitgeistige Strategie zu manipulativen Zwecken zu missbrauchen. Individuelle Interessen, Querdenken, Unangepasstheit dürften dadurch nicht eingeebnet oder eliminiert werden. Wirksam und sinnvoll sind Visionen ohnehin nur, wenn sie durch Verhandlung zwischen allen Beteiligten zustande kommen.

Im österreichischen Bildungssystem muss sich Grundlegendes ändern: von den rechtlichen Rahmungen und den organisatorisch-strukturellen Bedingungen über die Aus- und Fortbildung der Pädagogenzunft bis hin zu den professionellen Einstellungen aller Beteiligten. Wie bereits erwähnt, herrscht inzwischen in der Fachwelt weitgehend Konsens darüber, dass schulische Veränderungen nur über veränderte Einstellungen und Verhaltensweisen der Pädagoginnen und Pädagogen umsetzbar sind. Nicht nur aus dieser Perspektive ist eine breit gefächerte, vorausschauend konzipierte Ausbildung aller den Lehrberuf wählenden jungen Menschen auf akademischem

---

73 Vgl. Sprenger, Reinhard K.: Mythos Motivation. Wege aus einer Sackgasse. Frankfurt am Main 2007, S. 61f.

Niveau unumgänglich. Für Führungsfunktionen gilt das natürlich gleichermaßen. Im Sinne der Kongruenz wäre schließlich stärker zu beachten, dass die Aufgaben, Funktionen und Verantwortlichkeiten der im pädagogischen Feld tätigen Personen mit deren Kompetenzen, Fähigkeiten und Qualifikationen übereinstimmen und umgekehrt.

Das neue Lehrerdienstrecht enthält einige anerkennenswerte Ansätze. So etwa die stärkere Strukturierung von Kollegien in unseren Schulen durch die Etablierung eines halbwegs finanzierten mittleren Managements. Andererseits stoßen zahlreiche Punkte jedoch auf berechtigte Kritik. Anstatt endlich einen großen Wurf zu landen, erweist sich das Dienstrecht weitgehend als visionslos. Wenn man bedenkt, dass sich die Verhandlungen insgesamt beinahe über ein Jahrzehnt hingezogen haben, ist eine gewisse Enttäuschung ob des „Outputs" durchaus verständlich. Voll in Kraft treten soll es ab dem Schuljahr 2019/20. Lange Zeit wogte die Auseinandersetzung um das längst überfällige neue Lehrerdienstrecht zwischen Pro- und Contra-Argumenten hin und her. Die Gewerkschaft sowie große Teile der Lehrerschaft bezeichneten das Gesetzeswerk, das ohne ihre sozialpartnerschaftliche Zustimmung im Dezember 2013 beschlossen wurde, als Sparpaket. Es sei alles andere als ein leistungsorientiertes, attraktives, zukunftsweisendes Dienstrecht. Durch verschiedene Maßnahmen wurde der Unmut deutlich zum Ausdruck gebracht. Von einer Großdemonstration auf dem Wiener Ballhausplatz über Unterschriftenaktionen in fast allen Schulformen bis hin zu einer parlamentarischen Bürgerinitiative, durch die der Nationalrat zur Aufhebung der Dienstrechts-Novelle 2013 aufgefordert wurde, reichte die Palette des Widerstandes.

Aus meiner Sicht besteht das Hauptmanko darin, dass ein neues Dienstrecht als Einzelmaßnahme, losgelöst von einem umfassenden neuen Bildungskonzept, zu kurz greift, weil es wesentliche Aspekte unberücksichtigt lässt. Exemplarisch sei nur das Fehlen einer zeitgemäßen Arbeitszeitregelung genannt. Mehrere bereits vorliegende Arbeitszeitstudien werden von Politik und Öffentlichkeit beharrlich ignoriert, vermutlich weil sie ihnen nicht ins Kalkül passen. Unter Berücksichtigung vernünftiger Äquivalente zwischen Unterrichtsstunden und außerunterrichtlicher Arbeitszeit sollte das Lehrpersonal künftig verpflichtend mehr Zeit in der Schule tätig sein. Leitende hätten mindestes bis 16.00 Uhr vor Ort zu sein, was derzeit leider noch nicht überall die Regel ist. Die Raumgestaltung und die Arbeitsplätze sind dem entsprechend anzupassen. Die Unterrichtzeit, sprich Lehrverpflichtung, die ja nur einen Teil der Gesamtarbeitszeit ausmacht, anzuheben, erscheint unter den gegebenen schwierigen Umständen nicht sinnvoll. Schließlich sind es nachgewiesenermaßen gerade die Unterrichtsstunden, die Lehrpersonen ganzheitlich voll fordern. Über zukunftsweisende Dienstrechte – für Schulleiter und Schulleiterinnen wäre umgehend ein eigenständiges (!) zu erarbeiten –, leistungsgerechte Entlohnung sowie über die gebührende Anerkennung der Bildungsarbeit ist das beschädigte Image der pädagogischen Berufe zu heben. Neiddebatten und das gegenseitige Ausspielen von Berufsgruppen helfen niemandem; sie spalten nur die Gesellschaft.

Ein Blick auf die Organisation der Schulleitung in einigen bildungspolitisch erfolgreichen Ländern außerhalb des deutschsprachigen Raumes mag als Gedankenimpuls für die österreichische Bildungspolitik aufschlussreich sein. In einem synoptischen Vergleich der Schulsysteme von Schweden, Norwegen, Finnland, Niederlande, Schottland, Neuseeland und Kanada fand Armin Lohmann etwa in Bezug auf Schulleitung folgende bemerkenswerte Gemeinsamkeiten:

- Es gibt eine Schulleitung auf Zeit –
  aber nicht mehr als zehn Jahre.
- Es gibt pädagogische Schulleiter mit Kontaktunterricht.
- Es gibt zusätzlich eine Verwaltungsleitung.
- Es gibt Experten und Expertinnen für
  Qualitätsentwicklung.
- Es gibt eine Evaluations- und Rechenschaftspflicht.[74]

Österreich hinkt auch beim zentralen Thema Schulleitung der internationalen Entwicklung hinterher. Bei uns wird die Verwaltungsarbeit in der Schuladministration gegenüber der pädagogischen Führung klar präferiert. Diese wird zwar auch rhetorisch eingefordert, ist aber in größeren Schulen kaum leistbar. Schulen sollen gut gemanagt und vor allem sparsam verwaltet werden, auf pädagogische Leitung wird hingegen viel zu wenig Augenmerk gelegt. Pädagogisch schlecht- oder weitgehend ungeleitete Schulen sind wohl mit ein gewichtiger Grund für die Bildungsmisere.

In diesem Zusammenhang ist noch auf einen weiteren traurigen Sachverhalt hinzuweisen. Schulleiter wie Schulleiterinnen werden in Österreich mitunter an der langen Leine gehalten. Zumindest im Pflichtschulsektor ist das unbestreitbar. Wenn sie nicht spuren, werden ihnen, um sie auf Kurs zu halten, von den vorgesetzten Behörden mancherorts mehr oder weniger unmissverständlich gewisse Nachteile in Aussicht gestellt, etwa in der Lehrerzuteilung, bei gewünschten Ressourcen, bei Klasseneröffnungs- oder Gruppenteilungszahlen und Ähnlichem. Zahlreiche SchulleiterInnen aus meinem Verwandten-, Bekannten- und Freundeskreis haben solche Argumente wiederholt ins Treffen geführt, wenn ich sie zu

---

74 Lohmann, Armin/Minderop, Dorothea: Führungsverantwortung der Schulleitung. Handlungsstrategien für Schulentwicklung nach dem Reißverschlussverfahren. München/ Unterschleißheim 2004, S. 33.

mehr Courage, Zusammenhalt oder gemeinsamen, akkordierten Widerstand gegen unsinnige Begehren aufgefordert habe. Öffentlich wird das aus einsichtigen Gründen wohl niemand eingestehen. Autoritär-autokratische Verfahren also, wie sie im Buche stehen. Dass sich die meisten Leitenden aus Rücksicht auf die eigene Schule, aus Obrigkeitshörigkeit, mangelndem Durchsetzungsvermögen, unzureichender Professionalität oder anderen Gründen davon einschüchtern lassen, ist evident. Auch diese Missstände müssen endlich aufs Tapet.

Es reicht heutzutage keineswegs, wenn Schulen zwar effizient verwaltet, aber nicht effektiv geführt werden. Zu hinterfragen wäre daher, ob für Schulen ab einer bestimmten Organisationsgröße die Verwaltungs- und die pädagogische Leitung nicht in verschiedene Hände gelegt werden sollten. Der pädagogischen Leitung ist endlich der ihr gebührende Stellenwert einzuräumen. Für die Schulverwaltung bedarf es nicht unbedingt ausgebildeter Pädagogen oder Pädagoginnen, obwohl pädagogische Kenntnisse zweifellos von Vorteil sind. Sofern man sich vor einer derartigen Lösung – wie in Österreich – scheut, wäre den Schulleitungen zumindest ausreichend versiertes Administrations- und Sekretariatspersonal zur Seite zu stellen. Daran führt kein Weg vorbei. In höher organisierten Hauptschulen respektive Neuen Mittelschulen lässt die derzeitige Situation durchaus zu wünschen übrig. Ob Direktionen in mittleren und höheren Schulen mit einem Administrator sowie ein bis zwei Bürokräften in der Verwaltung bei der durchschnittlich hohen Dichte an Lehrpersonen, Schülerinnen, Schülern, Eltern, Reinigungskräften nebst den zahlreichen außerschulischen Partnern ihr Auslangen finden, bleibt zu prüfen.

Neben dem Ausbau mittlerer Führungs- und Verantwortungsebenen – seit geraumer Zeit unter der Bezeichnung „mittleres Management" kursierend – wäre die Leiterstellvertretung deutlich aufzuwerten. Da ihre Rolle bislang nicht geklärt ist, wird sie in Schulen recht unterschiedlich gehandhabt. Mancherorts ist diese Position im Organisationsgefüge sowie im Bewusstsein der Schulmitglieder nur schwach oder gar nicht verankert. Mitunter scheint unklar, ob sie der Schulleitung nähersteht oder dem Kollegium. Ist der Vertreter administrative Hilfskraft, Stundenplaner, Vertrauter und Stütze für die Leitungsperson oder ist er Vermittlungsinstanz zwischen Lehrkörper und Schulleitung? Ist er womöglich gar Interessenvertreter und Sprachrohr für einzelne Gruppen im Kollegium? Wie auch immer die Rolle interpretiert wird, ist die Stellvertreterposition gewöhnlich in ein komplexes, diffuses Beziehungsgeflecht verwoben. Die Beziehung zur Leitung – so meint man – wäre dabei wohl von besonderer Bedeutung. Bis vor wenigen Jahren war es aber hierzulande Usus, dass der dienstältesten Lehrkraft im Kollegium automatisch die Stellvertretung zukam. Unter Angabe mehr oder weniger triftiger Gründe konnte sie auf diese Funktion allerdings verzichten. In diesem Falle fiel sie automatisch der nächst dienstältesten Person zu, die wiederum begründet ablehnen konnte. Und so weiter und so fort. Aufgrund dieser Gesetzeslage hatte die Leitung diesbezüglich also unverständlicherweise kein Mitsprache- oder Entscheidungsrecht. Dieser Anachronismus wurde wenigstens inzwischen behoben, sodass die Schulleitung nunmehr ihre Vertretung nach eigenem Gutdünken selbst auswählen kann. Aber grundsätzlich bleibt das stark vernachlässigte Stellvertretungsamt in Österreich vom Gesetzgeber bis dato kaum genormt. Als gesetzlich ausgewiesene Funktion gibt es die Leitungsstellvertretung eigentlich nur bei vorübergehendem Ausfall des Leiters oder der Leiterin. Und selbst dann ist er oder sie eben nur aufgefordert zu vertreten. Eine Klärung, Stärkung und Aufwertung dieser Funktion steht an – im Aufgaben- und Anforderungsprofil sowie im Dienstrecht.

Hinter variantenreichen Bezeichnungen wie „Transaktionale Führung", „Transformational Leadership", „Change Management", „Diversity Management", „Instructional Leadership", „Management by Objectives", „Supportive Leadership", „Distributed Leadership", „Kooperative Führung", „Kollektive Führung", „Konfluente Leitung", „Dialogische Führung" verbergen sich bestimmte Führungsvorstellungen, Theorien, Zielsetzungen von Führung. Manche ergänzen oder überschneiden sich wechselseitig. Selbst viele jener SchulleiterInnen, die engagierte Arbeit leisten und ihre Schule erfolgreich führen, tun dies, ohne all diese Begriffe und Konzepte im Einzelnen zu kennen. Professionalität, Menschlichkeit, Integrität, Engagement und das richtige (Augen-)Maß sowie ein gewisses Charisma sind jene unerlässlichen Eigenschaften, die es Leitenden erleichtern, ihre schwierige und verantwortungsvolle Funktion zum Wohle der Schule wie der Schulgemeinschaft auszugestalten. Ob nun von Leitung, Führung, Management oder Leadership mit den je eigenen Begriffskonnotationen gesprochen wird, entscheidend ist, dass schulische Führungskräfte die Dinge richtig tun und dass sie die richtigen Dinge tun. Oder anders gewendet, dass sie effizient und effektiv arbeiten, eine klare Vorstellung von Bildung sowie eine realistische Vision und Zielorientierung von Schule haben.

Wenn Schulbehörden oder Schulverwaltungen weiter in ihren alten Strukturen und Problemlösungsmustern verharren, werden sie die nötige Neuorientierung unseres Bildungssystems behindern, wenn nicht verfehlen. Die Absicht zu einer Modernisierung steht schon in zwei Koalitionsvereinbarungen. Handlungsbedarf besteht jedoch weiterhin. Zwischen den bildungspolitischen Behörden und den einzelnen Schulen müssen die Entscheidungswege sowie die Entscheidungskompetenzen im Sinne einer Komplexitätsreduktion klar geregelt, transparent und nachvollziehbar sein. Die lange praktizierte – bislang nicht überwundene – Verordnungs- und Weisungs-„Kultur" hat sich überlebt.

Die neu gebildeten Bildungsregionen machen dann Sinn, wenn sie nicht bloß Kontrollinstanzen sind, sondern auch Servicecharakter haben. Die Organe der Schulaufsicht müssen endlich ein kollegiales Beratungsverständnis sowie das erforderliche Know-how entwickeln. Sie sind schließlich zuständig für Kontrolle, Koordination, Unterstützung und Beratung. Außerdem wäre eine beratende Feedback-Funktion für die Bildungspolitik dringend notwendig. Sofern die Aufsichtspersonen ihr berufliches Selbstverständnis vorwiegend aus einer hierarchischen, bürokratischen und inspizierenden Position ableiten, bleibt den Lehrpersonen keine Möglichkeit zur Identifikation. Sie erwarten von der Schulaufsicht, dass sie pädagogisch denkt wie sie, ihre berufliche Sprache spricht, ihre schulischen Anliegen ernst nimmt und an die zuständigen Stellen rückmeldet. Sofern diese Organe in Zukunft als unverzichtbar erachtet werden, tragen sie wohl weiterhin die Gesamtverantwortung für den Zustand und die Entwicklung des öffentlichen Schulsystems. Das – wenn es ins Kalkül passt – häufig als Vorbild zitierte Finnland hat übrigens die Schulaufsicht in den Neunzigerjahren des vorigen Jahrhunderts als unwirksam abgeschafft. Daran könnten wir uns ein Beispiel nehmen.

Politik wie Verwaltung brauchen Realitätssinn, Gespür für das Machbare und den Mut, das Notwendige anzugehen. Sie bleiben auch innerhalb eines dezentraleren, autonomeren Schulsystems, wohin der internationale Trend derzeit läuft, verantwortlich für klare Rahmenziele, ausreichende Finanzierung und unterstützende Maßnahmen. Mit Druck oder Machtkalkül zu arbeiten, bringt unser Schulsystem ebenso wenig weiter wie die Berufung auf Positionen, auf Amtsautorität. Standesdünkel und hierarchisches Denken sind abzubauen. Der Blick muss über das eigene Amt hinausreichen.

Schulleute müssen durch Authentizität, Integrität sowie durch ihre persönliche Autorität überzeugen. Das gilt analog für die Verantwortlichen in Politik, Verwaltung, Bildungsberatung. Sind solche Persönlichkeitsmerkmale doch Voraussetzungen für Partizipation, Kooperation, Dialogbereitschaft, Dialogfähigkeit, die in Schulen als lernende Organisationen wie im Bildungssystem insgesamt immer wichtiger werden. Schließlich macht Vergemeinschaftung ein System erst handlungsfähig.

Dialogische Kommunikation im Sinne des bedeutenden österreichisch-israelischen Religionswissenschaftlers Martin Buber[75] sollte im Bildungssystem Platz greifen. Im Zentrum dialogischen Lebens steht die gemeinsame Erforschung von Alltagserfahrungen und scheinbaren Selbstverständlichkeiten. Denn auch Schulleute entwickeln unbewusste Denkstrategien, Denkmuster, die ihr Handeln leiten. Durch gemeinsame Reflexionen können Selbst- und Fremdwahrnehmungen bewusst, nötigenfalls korrigiert und fruchtbar gemacht werden. Die Macht überkommener Traditionen, eingeschliffener Verhaltensweisen sowie prägender Wahrnehmungs-, Denk- und Deutungsmuster darf daher im schulischen Handlungsgefüge nicht ignoriert werden. Schulaufsichts-, Leitungs- wie Lehrpersonen sollten eigene Muster und Schemata, die ihr Denken, ihr Verhalten, ihre Rolleninterpretationen beeinflussen, durch Selbstreflexion identifizieren, bearbeitbar machen und sich im Kollegenkreis offen darüber austauschen.

Dialogische Kommunikation basiert wesentlich darauf, dass sich alle als Lernende verstehen und dass sich niemand im Besitz der ganzen Wahrheit oder Weisheit wähnt. Eine wahrhaft dialogische Einstellung anerkennt vielmehr die Unterschiedlichkeit menschlicher Wahrnehmung und Bewertung. In einem echten Dialog nehmen sich die GesprächspartnerInnen

---

75 Vgl. Buber, Martin: Das dialogische Prinzip. Gütersloh 2006, S. 166f und S. 293f.

in ihrem Dasein und Sosein als Person ernst und sie wenden sich einander in der Absicht zu, dass lebendige, jeglichem Schein enthobene Gegenseitigkeit entstehe. Im dialogischen Leben hat man mit den Menschen, mit denen man jeweils zu tun hat, wirklich zu tun. Ein echtes Gespräch kann nach Buber nur entstehen, wenn sich alle, die daran teilnehmen, selbst authentisch einbringen, ohne auf ihre Wirkung als Sprecherin, als Sprecher zu achten. Alle müssen offen und ohne Hintergedanken sagen, was sie zum besprochenen Thema im Sinn haben. In unserer Inszenierungsgesellschaft ist aber in aller Regel die Verpackung wichtiger als der Inhalt, wird auf die Darstellung, die Zurschaustellung mehr Wert gelegt als auf die Botschaft. Das steht einer dialogischen Gesprächskultur diametral entgegen. Das Verständnis für das Wesen eines echten Gesprächs scheint heutzutage vielerorts verschüttet. Da aber Dialogbereitschaft wie Dialogfähigkeit im schulischen Alltag eine herausragende Rolle spielen, sollten wir die dialogischen Kriterien stets im Hinterkopf behalten.

Dialogische Führung sollte für Menschen, die in Schulen wie im Bildungswesen Führungsverantwortung tragen, zur Routine werden. Das kann nur gelingen, wenn alle Beteiligten die nötige Lernbereitschaft aufbringen und sich wahrhaft aufeinander einlassen. Im Praktizieren dialogischer Kommunikation kommt Führenden eine Vorbildfunktion zu; ebenso im selbstreflexiven Umgang mit den eigenen Grenzen, Schwächen, Fehlern, Unsicherheiten, Ängsten. Zeit zur Einübung, das Bemühen aller um Reflexion und Veränderung sind dafür gleichermaßen unerlässlich wie Offenheit oder die Bereitschaft zur Auseinandersetzung mit Sachkritik. Souveräne Führungspersönlichkeiten lassen Kritik auf Augenhöhe zu, nehmen sie ernst und zum Anlass, ihre eigenen Einstellungen zu überprüfen. Sie gehen relativ großzügig mit den Eigenheiten ihrer MitarbeiterInnen um und kritisieren sie nicht kleinmütig. Sie üben Kritik nur im Zusammenhang mit konstruktiven Lösungsmöglichkeiten für die Betroffenen. Eigene Unsicherheiten, Schwächen, Ängste zu entdecken, zu untersuchen und zu verstehen, fördert die Selbsterkenntnis. Bewusstseinsgrenzen können so ausgeweitet werden.

Dialogische Kommunikation und Führung dürfen allerdings nicht darüber hinwegtäuschen, dass im schulischen Regelbetrieb aufgrund der Verpflichtung zur Einhaltung von Rahmenvorgaben bestimmte Bereiche der dialogischen Aushandlung entzogen sind. Auf den Punkt gebracht: Dialogische Führung muss vorrangig die Aufgabe wahrnehmen, alle Kolleginnen, Kollegen, Eltern, Schüler und Schülerinnen – unter Einbindung der Schulaufsicht – zu ermutigen, sich den schulischen Alltagsrealitäten in dialogischen Verfahren offen zu stellen. Einen wirksamen Beitrag dazu kann auch die Vereinbarung von verbindlichen Zielen leisten. Sowohl dialogische Führung als auch Führen durch Zielvereinbarungen haben dann eine realistische Umsetzungschance, wenn alle aus Überzeugung und freier Entscheidung hinter diesen Konzepten stehen, weil sie ihre Einbettung in den systemischen Gesamtzusammenhang verstehen. Eine gewisse Professionalität und Reife von Lehr- wie Leitungskräften ist dazu ebenfalls vonnöten.[76]

Organisationsformen müssen überdacht werden. Der Abgesang auf die Neue Mittelschule hat mancherorts bereits begonnen. Sie droht einem Strohfeuer gleich zu verlöschen. Man wird sehen, was davon letztlich übrig bleibt. Vielleicht die stärkere Verankerung von Teamarbeit oder die anvisierten „neuen" Lernformate. Die „NMS-Community", zumal jene der ersten Generationen, die sich großteils mit viel Einsatz sowie mit hohen Erwartungen auf den Weg machte, ist verunsichert und

---

76 In meinem Buch „Die scheinheilige Allianz" (a. a. O. 2015) habe ich diesem Themenkomplex ob seiner Wichtigkeit ein ganzes Kapitel gewidmet.

enttäuscht. Wie so oft in Österreich mag es wohl heißen: außer Spesen nichts gewesen. Das bildungspolitische Hickhack wird wieder einmal auf dem Rücken der LehrerInnen, SchülerInnen sowie der mittelbar betroffenen Anspruchsberechtigten ausgetragen. Ein unhaltbarer Zustand. Womöglich wird die Neue Mittelschule gerade durch ihr Scheitern als politische Fehlgeburt doch noch zum „Missing Link" hin zu einer gemeinsamen Schule der Zehn- bis Vierzehnjährigen – wenn auch auf andere Art und Weise als sich das ihre Geburtshelfer und Apologeten vorgestellt haben. Vermutlich wird die NMS nicht nur als relativ kurze, sondern auch als sündteure Episode in die österreichische Schulgeschichte eingehen. Aus dem nötigen zeitlichen Abstand heraus sollte künftig eine unvoreingenommene Analyse dieses unausgegorenen Schulexperimentes möglich sein.

Die Vor- und Nachteile eines integrierten Systems auf der Sekundarstufe I sind endlich ohne ideologische Ressentiments sowie unter Kostenwahrheit objektiv abzuwägen. Die Gegner einer Gesamtschule sollten folgendes Faktum nicht übersehen oder verleugnen: Tatsächlich waren bislang ja die Hauptschulen in vielen ländlichen Regionen schon weitgehend Gesamtschulen – zumal dort, wo es im näheren Umfeld keine AHS-Unterstufe gab. In den städtischen Ballungszentren brachte es der verstärkte Zulauf in den letzten Jahren mit sich, dass dort die Gymnasien beinahe diese Rolle erfüllen.

Ganztägige Schulformen werden ob des gesellschaftlichen Bedarfs zunehmen. Darauf ist – wie vorne bereits erwähnt – beim Schulbau besonderes Augenmerk zu legen. In dieser Hinsicht haben wir großen Nachholbedarf. Die Renovierung und Adaptierung von bestehenden, mehr oder weniger betagten Schulgebäuden hat in den letzten Jahrzehnten viel Geld verschlungen, ohne dass es dadurch vielfach gelungen wäre, durch die Baumaßnahmen den gegenwärtigen gesellschaftlichen sowie pädagogischen Erfordernissen ausreichend Rechnung zu tragen. In etlichen Fällen wären die monetären Mittel in architektonisch zweckmäßige – pädagogische und sozial-ökologische Bedürfnisse berücksichtigende – Neubauten nach baubiologischen Erkenntnissen weit nachhaltiger zu investieren gewesen. Ganztagsschulen mit einer verschränkten Abfolge von Unterrichts-, Lern- und Entspannungsphasen erfordern die geeigneten baulichen Arrangements sowie entsprechende Anlagen für eine vernünftige Freizeitgestaltung. Zudem bedarf es eines qualifizierten und motivierten Personals, das gerecht entlohnt wird. Hier ergibt sich übrigens eine sinnvolle Anstellungsmöglichkeit für Freizeitpädagogen und ähnliche Berufsfelder. Ansonsten verkommen ganztägige Schulformen nachmittags eher zu Horten der Aufbewahrung.

Das ganze Geplänkel rund um das Modellregionenpaket als Teil des 2015 geschnürten Bildungspakets weist auf einen faulen Kompromiss hin. Die darin vereinbarten Modellregionen für die Schule der Sechs- bis Vierzehnjährigen als Minimalkonsens werden von unerschütterlichen Optimisten immerhin als zaghafter Schritt in die richtige Richtung gedeutet, weil es den Druck auf die notorischen Bremser erhöhe. Sollten sich die politischen Parteien in Österreich doch in absehbarer Zeit zu einer flächendeckenden Integrierten Gesamtschule durchringen, so könnten sich die baulichen Versäumnisse auch in dieser Hinsicht als nachteilig herausstellen. Denn die politisch Verantwortlichen sollten sich nicht der Illusion hingeben, mit den derzeit vorhandenen Bau- und Ausstattungskonzepten das Auslangen zu finden. Die Kosten- und Ressourcenintensität einer wirksamen gemeinsamen Schule der Zehn- bis Vierzehnjährigen darf nicht unterschätzt werden. Die Auflösung der AHS-Unterstufen wäre wohl nur unter der Voraussetzung vertretbar, dass man sich basierend auf einem tragfähigen

Konzept zu den zweifellos notwendigen Investitionen in eine allen Schülerinnen und Schülern gerecht werdende Gesamtschule auf der Mittelstufe bekennt. Auf diese Weise würde man den gegenwärtigen gesellschaftlichen Gegebenheiten am besten Rechnung tragen.

Eine bedenkliche Entwicklung dürfen wir nicht länger übersehen: Schulformen wie Handelsschulen werden mitunter jahrelang zum Wartebahnhof für immer mehr Jugendliche, die nicht recht wissen, wohin der Zug fahren soll. Wertvolle Lebenszeit wird so vertrödelt. Zahlreiche SchülerInnen werden mitgeschleppt und irgendwie durchgeboxt – nicht zuletzt auch, um die Lehrerdienstposten halten zu können. Diesen Teufelskreis, der auch in AHS-Unterstufen sowie anderen Schulformen zu beobachten ist, gilt es zu durchbrechen.

Noch ein offenes Wort zur Inklusion. Die Auflösung von Sonderschulen hat wohl nicht primär mit der oft argumentierten Stigmatisierung der Schüler und Schülerinnen durch die unglückliche Namensgebung zu tun, als vielmehr mit dem darin erblickten Einsparungspotenzial. Nur wird das gerne verschwiegen oder in Abrede gestellt. Die Inklusion ist grundsätzlich zu begrüßen. Allerdings gilt es auch dabei zu differenzieren. Während die Integration von Migrantenkindern nicht früh genug erfolgen kann, muss bei Schülern wie Schülerinnen mit Handicaps auf die Art und Schwere der Beeinträchtigung Rücksicht genommen werden. Hier ist die optimale Förderung in der jeweils geeignetsten Schulform durch speziell qualifiziertes Personal zu gewährleisten. Ob und zu welchem Zeitpunkt die Eingliederung in eine Neue Mittelschule oder in eine AHS-Unterstufe erfolgen kann, ist im Einzelfall zu entscheiden.

Dass die LehrerInnenbildung NEU keine Ausbildungsschiene zur Sonderpädagogik mehr vorsieht, ist ob der aktuellen Entwicklungen völlig unverständlich. Herrscht doch derzeit schon ein eklatanter Mangel an geschulten Fachkräften, um den sonderpädagogischen Förderbedarf österreichweit abzudecken. Nach Auskunft der Gewerkschaft bräuchten etwa fünf Prozent der PflichtschülerInnen sonderpädagogische Förderung, aber nicht einmal drei Prozent kämen in den Genuss einer solchen. Wie sich derzeit abzeichnet, wird der Förderbedarf in den kommenden Jahren eher noch zunehmen. Und Faktum bleibt: Soll Inklusion nachhaltig gelingen, darf sie nicht nur auf Schulen beschränkt bleiben, sondern muss in allen gesellschaftlichen Segmenten ernsthaft gelebt werden. Angesichts der aktuellen Situation erscheint die mit Recht erhobene Forderung nach bestmöglicher Betreuung und Förderung aller SchülerInnen vielfach als leere Floskel.

Ein ganz wichtiger Sachverhalt muss bei allen Überlegungen und anstehenden Entscheidungen einmal mehr klar herausgestellt werden, da er noch immer zu wenig Beachtung findet: Für erfolgreiche schulische Arbeit sind sowohl die persönlichen Qualitäten der Leitung wie der Lehrkräfte als auch – zumindest in gleichem Maße – das Schulklima oder das soziale Klima entscheidender als die jeweilige Organisationsform. Das ist empirisch belegt (vergleiche dazu S. 116). Andererseits dürfen die Auswirkungen schulorganisatorischer Strukturen natürlich nicht unterschätzt werden. Auch hier gilt es den Hebel anzusetzen. So wäre etwa die zeitliche Strukturierung des Schulalltags gänzlich neu zu konzipieren. Unter anderem sind die gängigen 45- oder 50-Minuten-Einheiten durch längere Lern- und Arbeitseinheiten zu ersetzen. Erst dann werden soziale wie erfahrungsrelevante Lernformen praktisch möglich und wirksam. Vielerorts werden die Lernvorgänge durch die derzeitige Stunden- und Fächereinteilung laufend unterbrochen und zerstückelt. Die starke Aufsplitterung in Fächer könnte künftig durch eine vernünftige Zusammenführung verwandter Materien abgemildert werden.

Dem wäre zunächst in der Lehramtsausbildung Rechnung zu tragen. Ich habe dazu im Kapitel „Heraus aus der Sackgasse" einen Vorschlag eingebracht. Das Zweifächersystem, wonach Lehrkräfte in aller Regel in zwei häufig völlig unterschiedlichen Fächern die Lehramtsprüfung ablegen, scheint überholt. Vorsicht ist dabei insofern geboten, als die Qualität der fachlichen Bildung durch die Vernetzung verwandter Fächer nicht vernachlässigt werden darf.

Die Prioritäten müssen richtig gesetzt werden. Dies sollte – wie vieles andere auch – weniger aus parteipolitischem Kalkül heraus geschehen, sondern hätte sich vielmehr nach den pädagogischen und gesellschaftlichen Erfordernissen unter Gewährleistung der notwendigen Ressourcen zu richten. Mit dem häufig strapazierten Wort „Kostenneutralität" lässt sich „nicht Schule machen". Ohne entsprechende Finanzierung, adäquate Gebäude und räumliche Ausstattung, qualifiziertes Personal und nötige Unterstützungsmaßnahmen wird kein System auf Dauer zufriedenstellend funktionieren. Dann erweisen sich alle Debatten als unernst, oberflächlich oder politisch-ideologisch instrumentalisiert.

In unserer schnelllebigen Zeit ist die Zukunft unvorhersehbarer denn je. Sinn und Orientierung zu finden, wird laufend schwieriger. Einer Schule der nachhaltigen und umfassenden Bildung kommt vor diesem Hintergrund hohe Dringlichkeit zu. – Nicht zuletzt ob des Faktums, dass für Jugendliche Schul-und Berufslaufbahnen immer weniger gesichert sind. Selbst Bildungsabschlüsse bieten heute keine Garantie mehr. Erziehung wie Bildung können nicht mehr als Weitergabe von gesichertem Lebenssinn verstanden werden. Die Genese von Lebenssinn wird zu einem zentralen pädagogischen Problem. Sinnorientierung führt nämlich nachweislich zu innerer Konkordanz. Auch wer die intrinsische Eigenmotivation von Schülerinnen wie Schülern entfalten will und Leistung einfordert, muss im Verständnis Viktor E. Frankls Sinnmöglichkeiten bieten. Existenzielle Pädagogik ist eine Lebens- und Erziehungshaltung. Dem Wert und Sinn des Lebens wäre in allen pädagogischen Überlegungen, Zielsetzungen und Handlungen große Aufmerksamkeit einzuräumen (Stichwort „value-education"). Diesbezüglich kommt im europäischen Kulturkreis christlich-humanistischem Gedankengut eine unverzichtbare Bedeutung zu. Ruht unsere abendländische Bildung doch im Wesentlichen auf zwei Säulen: der griechisch-römischen Antike und dem Christentum; sowie in späterer Folge auf der Aufklärung. Zugleich gilt es aber in einer globalen Sichtweise Eurozentrismen bewusst zu machen, um sie überwinden zu können.

Neben einem wachen Geist und einem wachen Herzen braucht es auch ein waches Gewissen. Respekt vor der Wahrheit, Wahrheitssuche sowie der Wille zur Wahrheitsfindung müssen wieder ermutigt werden. Tendenzen oder Strömungen, die Wahrheit beliebig relativierbar zu machen, muss in Bildung wie Erziehung entschieden begegnet werden. Dabei kann es keineswegs um ein apodiktisches Festlegen der Wahrheit gehen, sondern um die Wahrheit soll in dialogischer Einstellung und Kommunikation „gerungen" werden.

Zudem ist ein anderes Fehlerverständnis, eine veränderte Kultur im Umgang mit Fehlern, vonnöten. Wir müssen uns immer vor Augen stellen, dass Fehler den Wert eines Menschen nicht mindern. Größere Fehlertoleranz ist anzustreben. Fehler sind schließlich Teil und Anzeichen von Entwicklung. Fehler zuzulassen, ist angesagt; es ist aber sehrwohl auch auf solche hinzuweisen und die Lernenden sind dazu anzuleiten, nicht ständig dieselben zu machen. Ob Fehler kratzen oder kitzeln, hängt nicht unwesentlich von der Persönlichkeitsstruktur ab. Wir sollten in der Erziehung folglich auch darauf hinwirken, dass die Heranwachsenden eine dynamische

Persönlichkeitsstruktur entwickeln, die unter anderem durch wünschenswerte Verhaltensweisen wie Ausdauer, Anstrengungsbereitschaft, Konzentrationsfähigkeit und Aufschubtoleranz charakterisiert ist. Kinder oder Jugendliche mit einem dynamischen Selbstbild scheitern nicht so leicht, da sie Niederlagen gewöhnlich als persönliche Herausforderungen erleben, an denen sie wachsen, reifen und die eigenen Potenziale entfalten können. Ermutigung wie Unterstützung vonseiten der Erziehenden und Lehrenden sind allerdings notwendig. Fehler, Niederlagen oder Misslingenserfahrungen sind letztlich Ressourcen auf dem Weg zur Ganzheitlichkeit, zur Entfaltung der Person. Bildung ist stets wesentliche Hilfe zur Person-Werdung. Während individuelle Merkmale (wie etwa Geschlecht, Körpergröße oder Augenfarbe) naturgegeben sind, liegen personale Merkmale weitgehend in unserem Gestaltungsspielraum.

Angesichts des gesellschaftlichen Auftrags, den öffentliche Schulen immer noch zu erfüllen haben, sollten Begriffe aus Wirtschaft und Verwaltung wie „Total Quality Management", „New Public Management", „Dienstleistungsbetrieb", „Kundenorientierung" im Bildungssystem relativiert und vorsichtiger gehandhabt werden. Oder sind sie nicht überhaupt verzichtbar? Schule darf nicht zu einem Wirtschaftsbetrieb oder Dienstleistungsbetrieb im herkömmlichen Sinne degradiert werden. In dem Maße, wie das geschieht, versagt sie in ihrer zentralen Aufgabe, Bildung zu vermitteln. Die Vereinnahmung von Bildung durch die Ökonomie darf daher nicht länger unwidersprochen hingenommen werden. Schule – zumal als staatliche Veranstaltung – hat keineswegs nur den Auftrag, als Dienstleistungsbetrieb Kundenwünsche zu befriedigen. Ihr obliegt neben der Allgemeinbildung auch die individuelle Emanzipation der jungen Menschen sowie die gesellschaftliche Demokratisierung. Schule muss die Basis dafür schaffen, dass ihre Absolventen und Absolventinnen weiterführende Ausbildungen erfolgreich bestehen können, aber sie auch dazu befähigen, in Eigenverantwortung und Freude sich selbst – im umfassenden Wortsinn – zu bilden. Bildung ist mehr als kompetenzorientierte Ausbildung. In welchem Maße sie gelingt, erweist sich im Leben. Durch Diagnoseverfahren wird man ihr nicht habhaft. Bildung im Humboldt'schen Verständnis muss proportional sein. Demnach sollte alles in einem möglichst ausgewogenen Verhältnis zueinander stehen. Persönlichkeitsentwicklung, Selbstwirksamkeit, demokratisches Bewusstsein und Handeln, Solidarität, Selbst- und Mitbestimmung sowie Sinnfindung sind zu fördern. Das alles kann nur gelingen, wenn wir dem derzeitigen Trend zu Schule *light*, Bildung *light*, Unterricht *light*, Lernen *light*, Anstrengung *light*, alles *light* eine klare Absage erteilen.

Die Fundamente sind in der Grundschule – der Grund-Legenden-Schule – zu legen. Die Kulturtechniken sowie körperliche und kreative Betätigung sind stärker ins Zentrum der Aufmerksamkeit zu rücken. Dafür muss wieder mehr Zeit zum (Ein-)Üben, Praktizieren und Wiederholen zur Verfügung stehen. Die Bezeichnung wurde ja nicht zufällig gewählt. Darauf hätte sich die Bildungspolitik endlich zu besinnen. Gerade in die Volksschulen müssen daher dringend mehr Ressourcen fließen. Angesichts der immens wichtigen Aufgaben sowie der soziokulturellen Entwicklungen braucht es zwei Regellehrkräfte pro Klasse oder ganz kleine Gruppengrößen. Zudem ist dort das erforderliche Unterstützungspersonal schleunigst zu gewährleisten. Solche Maßnahmen böten die Möglichkeit, alle Kinder – also auch jene mit sprachlichen, kognitiven, sozialen und familiären Problemen sowie die (Hoch-)Begabten – dort abzuholen, wo sie stehen und individuell zielgerecht zu fördern oder zu fordern. Dann machte ein Volksschulpaket wirklich Sinn. Alles andere ist oberflächliche Kosmetik. Erst

auf sicheren, tragfähigen Fundamenten kann auf- und weiter-
gebaut werden. Ein Jahr Vorschule anstelle des Kindergartens
wäre übrigens empfehlenswert. Auch eine Verlängerung der
Grundschulzeit auf fünf bis sechs Jahre erscheint ob der be-
schleunigten gesellschaftlichen und wissensbezogenen Veränderungen vernünftig. Ein Blick in andere Länder zeigt, dass
dort die Grundschule oft sechs, manchmal auch bis zu acht
Jahren umfasst.

Die seit Jahren vorgängige schleichende Unterminierung
der Kulturtechniken Lesen, Schreiben, Rechnen ist für eine
Kulturnation wohl ein Schuss ins eigene Knie. Wo bleiben
die Alarmglocken? Die neuerdings angestrebte Abschaffung
der Schreibschrift liegt im ökonomisierten und technisierten
Zeitgeist. Sie kann sich längerfristig nur als haarsträubender
Unsinn erweisen. Die sonst so häufig bemühte Hirnforschung
schweigt oder bleibt diesbezüglich außen vor. Hat sie doch den
Zusammenhang zwischen der Feinmotorik unserer Hände, die
durch Schreiben besonders trainiert wird, und damit einhergehenden Vernetzungen im Gehirn klar aufgezeigt. Selbst falls
Tippen und Scrollen Ähnliches leisten, bleibt es eine Schande,
die Schreibschrift als ein individuelles Markenzeichen jedes
Menschen abzuschaffen.

Zumal berufsbildende Schulen haben über das Beschriebene hinaus den Auftrag, die Jugendlichen profund auf die
gegenwärtige Berufswelt vorzubereiten, was ihnen bislang
hierzulande recht gut gelungen ist. Dass neuerdings im Zuge
der Standardfixierung sowie der Zentralmatura an den BMHS
Praxisfächer gekürzt werden, ist ein grober Unfug. Wieder
scheint die eine politische Hand nicht zu wissen, was die andere tut. Eine Fokussierung auf kognitive, abprüfbare Kompetenzen reicht nicht hin. Praktische Fertigkeiten sowie kreative
Fähigkeiten müssen stärker forciert werden, unter anderem
durch ausreichende Stundenkontingente. Das berufsbildende

Schulwesen darf seinen guten internationalen Ruf nicht durch falsche Weichenstellungen aufs Spiel setzen.

Die neu eingeführte Ausbildungspflicht bis 18 ist ob der realen Entwicklungen vernünftig, weil sie Jugendlichen – insbesondere jenen aus sozial belasteten Familien – einen besseren Start ins Berufsleben ermöglicht. Schulabbrecher und solche, die nach der Schulpflicht keine weiterführenden Ausbildungen beginnen, sollen derart aufgefangen werden. In Österreich ist laut OECD-Studie „Bildung auf einen Blick" jeder fünfte 15- bis 19-Jährige nicht mehr in Ausbildung. Daher ist diese bildungspolitische Initiative jedenfalls zu begrüßen.

In der Zukunft wird es mit Sicherheit zahlreiche Berufe, neue Anforderungen, wohl auch Lebensentwürfe geben, die wir derzeit noch nicht kennen. Daher ist die Diktion vom Lernen für die Zukunft allemal kritisch zu hinterfragen. Wir sollten uns mehr auf die Gegenwart als gestaltbaren Zeithorizont konzentrieren. Im Falle einer ganzheitlichen Menschenbildung – Herz, Hand, Gehirn, Gewissen – könnte man auf das zeitgeistige Gerede von sogenannten Schlüsselqualifikationen, die von wirtschaftlichen Interessengruppen sowie deren unkritischen Nachbetern eingefordert werden, ruhig verzichten und dem Kommenden gelassener entgegenblicken.

Wir können sowohl aus der pädagogischen Ideengeschichte als auch von erfolgreichen Bildungsländern lernen. Dazu braucht es das erforderliche Wissen. In den uns fortlaufend beschäftigenden Fragen um den Gehalt von Bildung, Lehr- und Lerninhalte, gerechte Leistungsbeurteilung, richtige Ziel- oder Standardsetzungen mag gelegentlich ein Blick auf historische Entwicklungen erhellend sein. So gibt es etwa den Bildungsstreit zwischen Nützlichkeit und Kultivierung schon lange. Die Jesuiten führten übrigens die Schulnoten zur Bewertung einer Kultivierungsleistung ein; die Idee der Qualifizierung spielte dabei keine Rolle. Sie rückte erst später in den

Vordergrund. Gegenwärtig steht die Qualifizierungsleistung vielfach dermaßen im Zentrum, dass die Kultivierungsleistung zu kurz kommt. Über das jeweils eingeforderte Qualifizierungsniveau ist damit noch nichts ausgesagt. Wahr ist jedenfalls: Seit durch Noten und Zeugnisse Berechtigungen vergeben werden, dienen sie hauptsächlich zur Lenkung von Schülerströmen.

Wie neuere empirische Untersuchungen belegen, sind Noten – bei allen subjektiven Einflüssen – immer noch valider und gerechter als Testungen wie PISA. Noch valider sind letztlich Lehrerurteile. Man kennt ja schließlich seine Schülerinnen und Schüler. Für erfahrene Pädagogen wie Pädagoginnen ist das keine neue Erkenntnis. Eine empirische Bestätigung kann aber nicht schaden. Zentral vorgegebene, standardisierte Leistungsfeststellungen (Testungen) gehen daher im Gegensatz zu Österreich international bereits wieder zurück. Lokale, offene Formate gewinnen erneut an Stellenwert. Im angloamerikanischen Raum, wo das derzeit von uns übernommene Konzept der Bildungsstandards entwickelt wurde, gilt dieses inzwischen weitgehend als gescheitert. Die Messbarkeitseuphorie ist in vielen Weltregionen schon wieder im Abflauen. Ebenso wird zunehmend erkannt, dass die reine Kompetenzorientierung – zumal im zeitgeistigen Verständnis – nicht hinreicht und echte Bildung aushöhlt. Wir sitzen, wie so oft, im Spätzug; mitunter sogar im falschen.

Wie überall im Leben ist auch in der Pädagogik und in der Erziehung das richtige Maß zu finden. Das ist ein Unterfangen, das anscheinend kaum gelingt, wie ein Blick in die Geschichte deutlich belegt. Was unter dem zum Klischee gewordenen undifferenzierten Begriff „schwarze Pädagogik" auf eine extreme Fehlentwicklung im pädagogisch-erziehlichen Feld hinweist, hat eine starke, unbändige Gegenbewegung provoziert, die seit geraumer Zeit auf der anderen Seite des

Spektrums weit übers Ziel schießt. Wird diese vielleicht später unter der Farbmetapher „weiße" oder „(kunter)bunte Pädagogik" in die Geschichte eingehen? Keineswegs dem Mittelmäßigen das Wort redend, ist festzustellen: Gegenwärtig fehlt weitum das richtige, gesunde, verantwortbare Maß.

Inkompetenz, billiger Populismus und faule Kompromisse tragen auch in der Bildung nicht weit. Derzeit verfügen viele unserer BildungspolitikerInnen zwar über eine gewisse „Inkompetenzkompensationskompetenz" (Copyright: Hans Peter Klein), aber an echter, fundierter Fachkompetenz mangelt es ihnen häufig. Eine umsichtige und nachhaltige Politik benötigt das fähigste Personal in allen Spitzenfunktionen; das gilt für die Schulaufsicht und die Bildungsdirektionen ebenso wie für das Unterrichts- oder Wissenschaftsressort. Die Sicherung und Weiterentwicklung leistungsfähiger Schulen gehört schließlich in die Hände bestens ausgebildeter BildungspolitikerInnen und Fachleute, die mit hoher Professionalität, mit Weitsicht sowie mit großer Einsatzbereitschaft ans Werk gehen.

Wer vermag einzusehen, dass in Zeiten ständiger Leistungsfeststellung und Rechenschaftslegung im Bildungssystem ausgerechnet all jene Bildungsverantwortlichen, die das einfordern, selbst jeglicher Qualitätsüberprüfung enthoben sein sollen? Das ist zwiespältig. Es wäre den Entscheidungstragenden durchaus geboten, mit gutem Beispiel voranzugehen. Ein positives Modell könnten sie der Gesellschaft wie den Medien auch im Umgang mit den Pädagoginnen und Pädagogen vorleben. Teile der Öffentlichkeit, der Medien, der Politik, der Eltern sollten ihr Verhältnis zur Lehrerschaft gründlich überdenken. Ohne oder gegen sie kann gar nichts gelingen.

Unsere Schulen stehen heute im Zentrum großer gesellschaftlicher Herausforderungen sowie im Spannungsfeld unterschiedlichster Erwartungen. Dabei ist Schulleitung mittlerweile zweifellos zum schwierigsten Amt im Schulsystem geworden, zu einer enorm wichtigen Schaltstelle, auf die immer mehr Verantwortung und Aufgaben abgewälzt werden, ohne das durch eine entsprechende Entlohnung zu honorieren. Aber auch der Lehrberuf war noch nie so fordernd und zugleich unbedankt wie heute. Werden sich unter solchen Umständen genug junge Leute für pädagogische Berufe entscheiden? Werden sie sich wahrhaft berufen fühlen?

Auf die Frage, ob sie heute gerne Lehrer oder Lehrerin wären, antworten die meisten Menschen mit einem entschiedenen Nein. Nur die Ferien hätten sie auch gerne. Manchmal wird leichthin unterstellt, diese wären mitunter das Hauptmotiv, diesen Beruf anzustreben. Sollte das Lehramt seine Anziehungskraft in den Augen mancher tatsächlich in erster Linie durch die beträchtliche Anzahl von Ferienwochen, freien Tagen oder durch die bislang begrenzte Anwesenheitspflicht in der Schule gewinnen, so wäre das überaus bedenklich. Faktum ist: Neben der bestmöglichen Ausbildung unserer Pädagogen und Pädagoginnen brauchen wir vernünftige Anreize, um die Attraktivität des Lehrberufs insgesamt zu heben. Erst dann werden sich viele der talentiertesten, fähigsten jungen Menschen mit einem zeitgemäßen Professionsverständnis berufen fühlen, Lehrer oder Lehrerin zu werden. Und dies sollte jedenfalls aus voller Überzeugung ihre erste Wahl sein; nicht etwa nur die zweite oder dritte Option, wie es in der Vergangenheit gar nicht so selten vorkam. Diesbezüglich lohnt sich ein Blick nach Skandinavien allemal.

„Die österreichische Staatsphilosophie des Fortwurstelns"[77] muss im Schulwesen endlich überwunden werden. Wir brauchen einen Paradigmenwechsel in der Behandlung bildungspolitischer Themen. Geradlinige, berechenbare, vorausschauende Politik hat zeitgeistiges, kurzfristiges, wechselhaftes Agieren

---

77 Musil, Robert: Der Mann ohne Eigenschaften 1. Reinbek bei Hamburg 1987 sowie 2011, S. 216.

oder Lavieren zu ersetzen. Vorwiegend dem labilen Zeitgeist sowie dem zu folgen, was gerade opportun erscheint, ist nicht hinreichend. Mitunter erinnert die österreichische Bildungspolitik an den Hasen im Märchen, der vom listigen Igel hin und her gehetzt wird, dann jedes Mal enttäuscht ist, wenn er zu spät ankommt. Es ist schon erstaunlich – eigentlich erschreckend – in welchem Maße unsere Bildungsverantwortlichen dazu neigen, bereitwillig und unreflektiert allerlei Unfug von der internationalen Bühne zu übernehmen, während sie vor notwendigen Maßnahmen die Augen verschließen und sich vor längst überfälligen Veränderungen scheuen. Auf die mittel- bis langfristigen Wirkungen wird dabei wenig geachtet.

Wie bereits mehrfach ausgeführt, ist eine vernünftige, sinnvolle Systemveränderung wohl nicht zu erwarten, solange die unselige Parteipolitisierung bestehen bleibt. So werden wir weiterhin in vielen Belangen hinterherhinken. Noch auf eine weitere Usance bleibt hinzuweisen: Bestimmte bildungspolitische Etiketten – wie etwa Chancengerechtigkeit, Schulqualität, Inklusion, Begabtenförderung und dergleichen – zwar ständig gebetsmühlenartig zu beschwören, sie aber aus Ressourcenmangel oder anderen Gründen nicht inhaltlich substanziell umzusetzen, greift jedenfalls zu kurz. In den letzten Jahren hat die Neigung zu einem oberflächlichen Etikettenfetischismus, der so manches verklärt oder verschleiert, auffallend zugenommen. Damit einher gehen zumeist die Verwendung einer schillernden Begrifflichkeit sowie eine hohle Phrasendrescherei. Welche Ursachen das auch jeweils haben mag, es gilt immer: Entscheidend ist, was sich hinter den Etiketten verbirgt und wie sie vernünftig mit schulischem Leben gefüllt werden.

Bei allen Reformüberlegungen sowie Schulentwicklungsmaßnahmen muss die genuine Bildung der Heranwachsenden im Mittelpunkt stehen, nicht die Wünsche von

Interessengruppen. Unsere nach wie vor vorhandenen Stärken im Bildungssystem sollten wir nicht blind oder leichtfertig zeitgeistigen Entwicklungen opfern, weder europäischen noch globalen. Hier gilt es, allenfalls ausgeübtem Druck mit überzeugenden Argumenten zu begegnen, zumal unser berufsbildendes Schulwesen international seinen durchaus guten Ruf zu verteidigen hat. Insbesondere zahlreiche sektorale Fachschulen – etwa in der Landwirtschaft oder im Tourismus – gewährleisten bislang ein nachweislich hochwertiges Bildungsangebot. Insgesamt stünde uns aber mehr Selbstkritik gut an. Wir dürfen Schwächen, Mängel oder Anachronismen im System nicht leugnen oder verharmlosen. Um sie ausmerzen zu können, müssen sie mutig in Angriff genommen werden. Dabei können erfolgreiche Länder fallweise durchaus als Modell dienen.

Aus demokratiepolitischer Sicht muss es oberstes Ziel sein, alle an Schule Beteiligten zum Mitdenken und Mitgestalten anzuregen. Die im System nach wie vor angelegte Obrigkeitshörigkeit im Denken und Handeln ist allmählich zu überwinden – soweit das innerhalb der gesetzlichen Rahmungen zulässig erscheint. Politische wie ökonomische Agitation, Indoktrination, Dogmatismus oder Intoleranz dürfen weder an unseren Schulen noch an anderen Bildungseinrichtungen Platz haben. Antipädagogischen Strömungen, Demokratiedefiziten oder Verstößen gegen die Menschenrechte müssen Bildungsverantwortliche sowie Lehr- und Leitungskräfte entschieden begegnen. Sie sind unter keinen Umständen zu tolerieren. Auch einer ausufernden Vermarktung von Schule oder einem übertriebenen Wettstreit sind Grenzen zu setzen. Neue Medien und Technologien müssen in reflektierter Weise sinnvoll integriert, nutzbar gemacht werden, aber jedenfalls dem Ziel einer Schule der ganzheitlichen Menschenbildung untergeordnet bleiben.[78]

---

78 Vgl. Molzbichler, Herbert: a. a. O. 2015, S. 178f.

Einschlägiges Spezialisten- oder Expertentum, so unverzichtbar es angesichts der zunehmenden Spezialisierungen wie der fortschreitenden Ausdifferenzierungen in allen Fach- und Gesellschaftssegmenten auch erscheinen mag, reicht nicht aus. Eine echte Wissens- oder Bildungsgesellschaft – zumal eine wirklich humane, demokratische, offene Gesellschaft – braucht verständige, möglichst umfassend gebildete Menschen mit Charakter und Rückgrat. Ansonsten laufen wir Gefahr, dass die Ungebildeten, Halbgebildeten und Eingebildeten, die sich aus Ignoranz, Selbstgefälligkeit, Bequemlichkeit oder Überheblichkeit jeglicher Bildungsanstrengung entziehen, den Ton angeben.

Und das Gebot der Stunde wäre schließlich ein parteipolitischer, ja ein gesellschaftlich-nationaler Schulterschluss, um die notwendige Umgestaltung unseres Schul- und Bildungssystems mit einem konsensualen Bildungsvertrag anzugehen. Österreich hat in schwierigen Situationen schon mehrfach bewiesen, dass es dazu imstande ist.

Ein kurzes Schlusswort

Bei allen Erörterungen oder Debatten rund um Schule sowie bei den Wünschen an die Pädagogenschaft dürfen wir zunächst zweierlei nicht außer Acht lassen: Zum einen wird von Lehrkräften heute erwartet, dass sie einem Tausendsasser gleich in ganz unterschiedliche Rollen schlüpfen und verschiedenste Aufgaben erledigen. Im unmittelbaren Kontakt mit ihren Schülern wie Schülerinnen sollen sie unter anderem unterrichten, erziehen, beraten, coachen, unterstützen, Konflikte moderieren, Streit schlichten, trösten, zureden, „motivieren", ermutigen, fördern, mitunter auch noch fordern, unterhalten, beaufsichtigen, disziplinieren, individualisieren, differenzieren, integrieren, Fehler behutsam korrigieren, den Lernfortschritt überprüfen, Leistungen beurteilen, durch Zensuren Berechtigungen, somit Chancen zuteilen. Und vor allem sollen sie Lernbegleiter sein. Nur eines wird von ihnen – wenn es nach den zeitgeistigen Reformern geht – nicht mehr erwartet: *Lehren.* Also genau das, was sie von alters her getan haben und was ihnen die Berufsbezeichnung *Lehrer/Lehrerin* eingebracht hat. Um Sie nicht am Ende gar zu langweilen, wird hier auf eine Auflistung der anderen schulischen Aufgaben der Pädagogenzunft verzichtet.

Zum anderen ist anzumerken, dass der Begriff „Schuldienst" Lehrpersonen als DienstnehmerInnen, Diensttuende ausweist. Wie schon im Wort impliziert, haben sie die Dienstvorschriften, Vorgaben und Anweisungen pflichtgemäß zu befolgen. Ein solch beflissener Dienstgeist wird besonders von Leuten, die sich primär als Vorgesetzte fühlen, zumindest hintergründig vorausgesetzt. Nach wie vor werden stillschweigend in erster Linie Anpassung, Gehorsam sowie kritiklose Gefolgschaft erwartet, mitunter auch explizit eingefordert. Selbst wenn das in Abrede gestellt wird, sollten wir uns nicht blauäugig darüber hinwegtäuschen. Da Lehrkräfte als einflussreiche Multiplikatoren von jeher als wichtige Gelenkstelle einer Gesellschaft erachtet werden, meinen die politisch Verantwortlichen zumeist, sie irgendwie lenken, ja unter ihrer Kontrolle halten zu müssen.

Zudem verhindern die mangelnde Solidarität innerhalb des Lehrstandes sowie parteipolitisch ideologische Verfilzungen ein dringend notwendiges Zusammenstehen des Lehrpersonals, um gemeinsam gegen so manchen Unsinn im österreichischen Bildungsgeschehen aufzutreten. Anstatt sich in der Öffentlichkeit über arge Fehlentwicklungen zu empören, reagieren immer mehr Kollegen und Kolleginnen aus einem Gefühl der Ohnmacht heraus mit passivem Widerstand, dumpfer Routine, innerem Rückzug, Ironie oder stiller Wut. Auch Krankenstände sowie krankheitsbedingte Ausfälle nehmen drastisch zu. Das darf nicht so weitergehen. Zunächst müssten sich die Fachleute an der Basis solidarisieren, was unter den geschilderten Umständen nicht leicht ist, vielleicht sogar ein aussichtsloses Unterfangen. Aber es bräuchte endlich diesen Ruck durch die Lehrerschaft. Mit vereinter Stimme könnten sie keinesfalls mehr so leicht ignoriert werden.

Nicht zuletzt aufgrund solcher Sachverhalte ist es notwendiger denn je, dass sich die Pädagogen und Pädagoginnen künftig sachdienlich, selbstbewusst, offensiv sowie konstruktivkritisch im Schul- und Bildungsdiskurs deutlich vernehmlich zu Wort melden. Mit Lamentieren hinter vorgehaltener Hand, in den Konferenzzimmern oder im privaten Kämmerlein ist nichts zu bewegen. Zu einer gedeihlichen Entwicklung unseres Bildungswesens müssen die Fachleute an der Basis sodann auch gehört werden.

Wer in den letzten vier, fünf Jahrzehnten im österreichischen Schulsystem beschäftigt war, hat vieles kommen und früher oder später auch wieder in der Versenkung verschwinden gesehen: unterschiedliche Organisationsformen, zeitliche Strukturierungen, Curricula, Lehrfächerverteilungen, Unterrichtsmethoden, Didaktiken, Bildungskonzepte, Qualitätsvorstellungen, Testformate, Leistungsfeststellungs- und Beurteilungskriterien, fächerübergreifende Unterrichtsprinzipien, verheißungsvolle Medien, Kontrollmechanismen, Steuerungsoptionen und anderes mehr. Die Kapriolen in der Fremdsprachendidaktik illustrieren die Moden besonders krass. Dass sich die Schlagzahl im Veränderungsgeschehen inzwischen drastisch erhöht hat, ist nicht zu übersehen, wobei die Quantität – die schiere Menge an Interventionen – häufig auf Kosten der Qualität geht. Was wir noch beobachten konnten: in früheren Jahrzehnten das Kommen und Gehen von diversen Unterrichtsministern sowie neuerdings den Vormarsch der Damen im Bildungsressort. Seit 1995 ist es fest in Frauenhand. Von den seither amtierenden vier Ressort-Chefinnen wurde Gabriele Heinisch-Hosek bereits nach weniger als zweieinhalb Jahren im Mai 2016 von Sonja Hammerschmid ersetzt. Wir werden sehen, ob sie vernünftige Akzente setzen kann, um die österreichische Schule in eine gute Zukunft zu führen.

Wandel wie Veränderung sind auch im Bildungssystem ganz natürlich, ja in bestimmten Maßen unstrittig notwendig. Zum einen dürfen diese aber nicht Selbstzweck werden und zum anderen sollten sie Verbesserungen nach sich ziehen. Lässt man als Lehrperson die gesetzten schulpolitischen Maßnahmen der letzten Jahrzehnte Revue passieren, so fällt auf, dass die meisten in der Tendenz zu einer Absenkung des Leistungsanspruchs sowie des Leistungsniveaus – mit all den daraus resultierenden problematischen Begleiterscheinungen – geführt haben. Ein Umdenken ist diesbezüglich dringend erforderlich.

Immer haben sich Leute aus recht unterschiedlichen Motiven – etwa aus fester Überzeugung, aus Kalkül, durch

Protektion – im Zuge solcher Veränderungen etabliert, Karrieresprünge gemacht, Geld damit verdient. Das mag ja durchaus seine Berechtigung haben. Nur sei es hiermit einmal offen ausgesprochen. Zu bedenken ist ferner, dass zumal jene Personen, die in Veränderungssituationen in Führungsfunktionen (Schulleitung, Schulaufsicht, Bildungspolitik) gelangen respektive gehievt werden, oft dazu neigen, Scheuklappen aufzusetzen. Fühlen sie sich doch in aller Regel einem bestimmten Denken, das sie meist auf der Höhe der Zeit wähnen, sowie dem neuen Konzept, der neuen Organisationsform verpflichtet. Mehr Weitblick, Vernunft, Gelassenheit wären auch in Innovations- oder Neuorientierungsphasen angebracht.

Bei all der Geschäftigkeit und der neuerdings grassierenden Reform-„Freude" wird das Wesentlichste übersehen: Wir brauchen in unserer Gesellschaft endlich eine fruchtbare *LERNKULTUR*! Lernen darf nicht länger als Zwang, als notwendiges Übel, als vorübergehende Verpflichtung betrachtet werden. Lernen muss wieder als Chance, als Bereicherung, als etwas Wunderbares erfahren, erlebt werden. Die Bereitschaft zum sowie die Freude am Lernen müsste Kinder, Jugendliche, wiewohl auch Erwachsene motivieren, sich vielseitig zu bilden. Wir müssen den Nachwachsenden hierin ein Vorbild sein. Ohne diesen Gesinnungswandel bleibt letztlich alles andere „ein Kampf gegen Windmühlen".

Literatur

ADAM, Konrad: Die deutsche Bildungsmisere. PISA und die Folgen. Propyläen Verlag, München 2002.

ASEED (Hrsg.): Europa im Umbruch. Ein Bericht über den Europäischen Industriekreis. Amsterdam 1994.

BAUER, Gernot/GOEBEL, Tina/MEINHART, Edith: Unbilden. Keine Reifeprüfung, keine Noten, kein Sitzenbleiben? Oder Zentralmatura, Leistungsdenken, Schüler-Sieben? Mehr Kuschelpädagogik? Oder doch Elitenbildung? Wie politischer Dilettantismus Schulreformen in Österreich verhindert. In: „Profil" Nr. 10. 45. Jg. vom 3. März 2014, S. 16-23.

BERICHT DES RECHNUNGSHOFES: Bundesinstitut für Bildungsforschung, Innovation und Entwicklung des österreichischen Schulwesens (BIFIE) 2012. 3. November 2012. Auf: http://www.rechnungshof.gv.at/berichte/ansicht/detail/bundesinstitut-für-bildungsforschung-innovation-und-entwicklung-des-österreichischen-schulwesens

BERNFELD, Siegfried: Sisyphos oder die Grenzen der Erziehung. Suhrkamp Verlag, Frankfurt am Main 1967.

BIFIE-REPORT: Nationaler deskriptiver Bericht zur TALIS-Studie 2008. April 2010. Auf: http://www.bifie.at/talis

BMUKK: Die Neue Mittelschule – ein Meilenstein der Schulreform. 17. Juni 2017. Auf: http://www.bmukk.gv.at/schulen/bw/nms/index.xml

BONSEN, Martin/VON DER GATHEN, Jan/IGLHAUT, Claus/PFEIFFER, Hermann: Die Wirksamkeit von Schulleitung. Empirische Annäherungen an ein Gesamtmodell schulischen Leitungshandelns. Beltz Juventa Verlag, Weinheim/München 2002.

BUBER, Martin: Das dialogische Prinzip. Gütersloher Verlagshaus, Gütersloh 2006.

BUCHEN, Herbert/ROLFF Hans-Günter (Hrsg.): Professionswissen Schulleitung. Beltz Verlag, Wiesbaden/Basel 2006.

BUNDESKANZLERAMT, Bundespressedienst (Hrsg.): Arbeitsprogramm der österreichischen Bundesregierung 2013 - 2018. Erfolgreich. Österreich. Wien im Dezember 2013.

CHARGAFF, Erwin: Unbegreifliches Geheimnis. Wissenschaft als Kampf für und gegen die Natur. Klett-Cotta, Stuttgart 1988.

DALIN, Per: Theorie und Praxis der Schulentwicklung. Luchterhand Verlag, Neuwied/Kriftel 1999.

DER STANDARD: Grüne und Ex-Bifie-Chef Haider für Stopp der Neuen Mittelschule. 28. Juni 2013. Auf: http://derstandard.at/1371170935650.

DUBS, Rolf: Erfolgreich als Schulleiter. Aufgaben und Erfolgsfaktoren moderner Schulleitungstätigkeit. In: Buchen, H./Horster, L./ Rolff, Hans-G.: (Hrsg.): Schulleitung und Schulentwicklung 44. Berlin/Stuttgart 2003, A 1.3, S. 1-18.

FEND, Helmut: Theorie der Schule. Urban & Schwarzenberg, München/Wien/Baltimore 1980.

FEND, Helmut: Qualität im Bildungswesen. Schulforschung zu Systembedingungen, Schulprofilen und Lehrerleistung. Juventa Verlag, Weinheim/München 1998 und 2001.

FISCHER, Roland: Kollegiales Management. In: Grossmann, R. (Hrsg.): Besser – Billiger – Mehr. Zur Reform der Expertenorganisationen Krankenhaus, Schule, Universität. IFF-Texte, Band 2. Wien/ New York 1997, S. 58-61.

FRANKL, Viktor E.: Das Leiden am sinnlosen Leben. Psychotherapie für heute. Verlag Herder, Freiburg/Basel/Wien 2009.

FULLAN, Michael: Die Schule als lernendes Unternehmen. Konzepte für eine neue Kultur in der Pädagogik. Klett-Cotta, Stuttgart 1999.

GIDDENS, Anthony: Die Konstitution der Gesellschaft. Grundzüge einer Theorie der Strukturierung. Campus Verlag, Frankfurt/ New York 1997.

HEITGER, Marian: Eine Giftspritze ins Herz. Das Kind als Schadensfall. Von der Scheinheiligkeit unserer Bildungspolitik und der ihr beflissen und gedankenlos folgenden Pädagogik. In: „Die

Presse" vom 28. März 2008. Als Gastkommentar abgedruckt in: aps 2/2008, S. 18-19.

HENTIG, Hartmut von.: Bildung. Ein Essay. Beltz Verlag, Weinheim/Basel 2004.

HUBER, Gerhard: Objektivierung oder die Zerstückelung des Menschen in Punkte. In: Schulheft 60, 1990, S. 121-123.

ILLICH, Ivan: Die Entschulung der Gesellschaft. Eine Streitschrift. C. H. Beck Verlag, München 2003.

KEMPFERT, Guy/ROLFF, Hans-Günter: Pädagogische Qualitätsentwicklung. Ein Arbeitsbuch für Schule und Unterricht. Beltz Verlag, Weinheim/Basel 1999.

KOGELNIK, Lisa/NIMMERVOLL, Lisa: Bildungsaufstieg ist in Österreich schwer. In: „Der Standard" vom 25. November 2015, S. 12.

KURIER: Hammerschmid für „Digitale Kompetenz" im Lehrplan. 9. Jänner 2017. Auf: http://kurier.at/politik/inland/bildungsministerin-sonja-hammerschmid-will-grundkonsens-beim-schulautonomiepaket-und-staerker-digitale-kompetenzen-lehren

LEISTUNGSBEURTEILUNGSVERORDNUNG: StF: BGBl. Nr. 371/1974.

LEWIN, Kurt: Field Theory in Social Science. Harper & Row, New York 1951.

LIESSMANN, Konrad Paul: Der Reformgeist. In: Dimmel, N./Schmee, J. (Hrsg.): Politische Kultur in Österreich. Promedia Verlag, Wien 2005, S. 39-48.

LIESSMANN, Konrad Paul: Theorie der Unbildung. Die Irrtümer der Wissensgesellschaft. Paul Zsolnay Verlag, Wien 2006.

LOHMANN, Armin/MINDEROP, Dorothea: Führungsverantwortung der Schulleitung. Handlungsstrategien für Schulentwicklung im Reißverschlussverfahren. Luchterhand Verlag, München/Unterschleißheim 2004.

LORTIE, Dan C.: Schoolteacher. A Sociological Study. University of Chicago Press, Chicago 1975 und 2002.

MIES, Maria/WERLHOF, Claudia von: Lizenz zum Plündern. Das Multilaterale Abkommen über Investitionen „MAI". Globalisierung der Konzernherrschaft – und was wir dagegen tun können. Europäische Verlagsanstalt, Hamburg 2003.

MOLZBICHLER, Herbert: Dissertation: Schulleitung im Systemzusammenhang: Stellung, Funktionswandel und Berufsbild. Eine theoretische Verortung für Österreich mit einer empirischen Untersuchung an Kärntner Hauptschulen. Klagenfurt 2009.

MOLZBICHLER, Herbert: Die scheinheilige Allianz. Eine Streitschrift. Hermagoras Verlag, Klagenfurt/Laibach/Wien 2015.

MUSIL, Robert: Der Mann ohne Eigenschaften 1. Rowohlt Taschenbuch Verlag, Reinbek bei Hamburg 1987 sowie 2011 (26. Auflage).

NEUHAUSER, Julia: Schmied sagte Studie „aus politischen Gründen" ab. In: „Die Presse" vom 2. Juli 2013. Auf: http://diepresse.com/home/bildung/schule/1425779/print.do

ÖSTERREICHISCHE BUNDESREGIERUNG: Regierungsübereinkommen für die XXIII. Gesetzgebungsperiode. Jänner 2007.

PECHAR, Hans: Bildungsökonomie und Bildungspolitik. Waxmann Verlag, Münster/New York/München/Berlin 2006.

POSCH, Peter/ALTRICHTER, Herbert: Bildung in Österreich. Analysen und Entwicklungsperspektiven. StudienVerlag, Innsbruck 1992.

RECHNUNGSHOFBERICHT: Modellversuche Neue Mittelschule. Vorlage vom 12. Dezember 2013. Reihe Salzburg 2013/09, S. 1-18.

ROLFF, Hans-Günter: Selbständige Schule: Begründung und Konkretisierung. In: Buchen, H./Horster, L./Rolff, H.-G. (Hrsg.): Schulleitung und Schulentwicklung 50. Berlin/Stuttgart 2004, K 1.5, S. 1-14.

RUTTER, Michael/MAUGHAM, Barbara/MORTIMORE, Peter/OUSTON, Janet: Fifteen Thousand Hours. Secondary Schools and Their Effects on Children. Open Books, London 1979. (Übersetzung ins Deutsche von HENTIG, Hartmut von: Fünfzehntausend Stunden. Beltz Verlag, Weinheim/Basel 1980.)

SENGE, Peter M.: Die fünfte Disziplin. Kunst und Praxis der lernenden Organisation. Klett-Cotta, Stuttgart 1996.

SIEBERT, Horst: Vernetztes Lernen. Systemisch-konstruktivistische Methoden der Bildungsarbeit. Luchterhand Verlag, München/ Unterschleißheim 2003.

SPECHT, Werner: Auswirkungen der Autonomie auf Schulleben und Organisationskultur. In: BMUKK (Hrsg.): Auf dem Weg zu einer besseren Schule. Evaluation der Schulautonomie in Österreich. Auswirkungen der 14. SchOG-Novelle. Bildungsforschung Band 11. Innsbruck/Wien 1996, S, 67-108.

SPECHT, Werner: Qualität des Bildungssystems, Standards und Monitoring. Wandlungen der Steuerungsformen im Schulwesen. Überarbeitete Version eines Vortrages beim OECD-CERI Regional-seminar der deutschsprachigen Länder, Nottwil, Schweiz, 27. 9. 2005.

SPRENGER, Reinhard K.: Mythos Motivation. Wege aus einer Sackgasse. Campus Verlag, Frankfurt/New York 2007.

SPRENGER, Reinhard K.: Das Prinzip Selbstverantwortung. Wege zur Motivation. Campus Verlag, Frankfurt/New York 2007.

STATISTIK AUSTRIA (Hrsg.): Schlüsselkompetenzen von Erwach-senen. Erste Ergebnisse der PIAAC-Erhebung 2011/12. Wien 2013. (Im Auftrag des BMUKK und BMASK)

STAUDT, Erich/KRIEGESMANN, Bernd: Weiterbildung – Ein Mythos zerbricht. In: AG QUEM (Hrsg.): Kompetenzentwicklung '99. Münster 1999, S. 17-59.

STRITTMATTER, Anton: „Todsünden" und „Kardinaltugenden" der Personalführung. Was Schulleitung gegen und für eine professio-nelle Arbeits- und Lernkultur tun kann. In: Journal für Schulent-wicklung 10, 2006, 3, S. 15-22.

SUCHAN, Birgit/WALLNER-PASCHON, Christina/BERGMÜL-LER, Silvia/SCHREINER, Claudia (Hrsg.): PIRLS & TIMSS 2011. Schülerleistungen in Lesen, Mathematik und Naturwissenschaft in der Grundschule. Erste Ergebnisse. Leykam, Graz 2012.

VOß, Reinhard (Hrsg.): Die Schule neu erfinden. Systemisch-kon-struktivistische Annäherungen an Schule und Pädagogik. Luchter-hand Verlag, Neuwied/Kriftel 2002.

WIETHAUP, Ulrich: Führungskräfte fallen nicht vom Himmel. Überlegungen zur Auswahl von Führungskräften im Schulbereich. In: Buchen, H./Horster, L./Rolff, H.-G. (Hrsg.): Schulleitung und Schulentwicklung 28. Berlin/Stuttgart 2000, C 3.9, S. 1-6.

WIGGINS, Grant: Educative Assessment: Designing Assessments to Inform and Improve Student Performance. Jossey-Bass, San Francisco 1998.

WINKEL, Rainer (Hrsg.): Pädagogische Epochen. Pädagogischer Verlag Schwann-Bagel, Düsseldorf 1988.

ZANGERLE, Heinz: Einfach erziehen. Die Alternative zu Kuschelpädagogik und Psychoboom. Verlag Carl Ueberreuter, Wien 2004.

Danksagung

Einen herzlichen Dank schulde ich vor allem den Verantwortlichen im Verlag, da sie durch die Publikation das vorliegende Buch der breiten Öffentlichkeit zugänglich gemacht haben.

Mein ganz besonderer Dank gilt dem Philosophen Univ-Prof. Dr. Konrad Paul Liessmann, der trotz seiner vielfältigen Verpflichtungen meine Arbeit gelesen und ein Vorwort dazu verfasst hat.

Schließlich bedanke ich mich auch bei meiner Familie für das stets entgegengebrachte Verständnis, wenn ich neben dem Beruf viel Zeit für die Arbeit an diesem Buch verwendet habe.